You can create a sense of presence

Chizuru Otsuka

「存在感《プレゼンス》」はつくれる

人事コンサルタント・アドバイザー

大塚ちづる

フォレスト出版

#「存在感」はつくれる

目次

プロローグ　11

本書のコンセプト　32

第1章 選ばれる人になるための初めの一歩

第2章 第一印象を変える武器としてのプレゼンス

第3章　プレゼンスを高める3つの戦略

第4章 人に理解されるためのコミュニケーション

第5章　プレゼンスを味方につけるための習慣

第6章　いつも心にエレガントさを秘める

装丁　bookwall
本文・図版デザイン　二神さやか
イラスト　二階堂ちはる
編集協力　いからしひろき（きいてかく合同会社）
校正　大江多加代
DTP　株式会社キャップス

プロローグ

プレゼンスとは？

プレゼンス（存在感）とは、自分の可能性を引き出すための魔法です。本来の能力を十分に発揮できずにくすぶっている〝もったいない人材〟から誰からも一目置かれ、つねに選ばれ続ける〝輝く逸材〟へと変身してみませんか？

私は、日本の総合商社勤務を経て、米国投資銀行ゴールドマン・サックスの東京支社、ニューヨーク本社とアジアパシフィック支社にて約20年勤務してきました。その間、さまざまなビジネスリーダーとかかわり、アドバイザーとして500人以上のグローバル人材の育成および管理に携わりました。

そんな私が**ビジネスパーソンのコーチングにおいて最《もっと》も重視しているのが、「プレゼンス」**です。プレゼンスとは、直訳すると「存在感」ですが、その場にいるだけで議論をコントロールしてしまう、直接話していなくても信頼してしまう、つい仕事をお願いしたくなってしまう、そういった**「影響力」もプレゼンスに含まれます**。

第一印象も大事なプレゼンスの一つです。ビジネスパーソンにとって、第一印象や周囲にどう見られているかということは、キャリアアップや転職において欠かせない要素です。なぜなら、ジョブ型採用が浸透している昨今では、自分の本当の実力を上司や取引相手に正しく認めてもらえなければ、目指すキャリア、やりたい仕事を手に入れることは難しいからです。

人は見た目が9割と言いますが、まさにその通りです。自分の本当の可能性は他人の目からは見えません。大事なのは、その**可能性を持っている人間だと思わせること**です。

私がプレゼンスを意識するようになったのは、ゴールドマン・サックス東京支社に入社して2年後、ニューヨーク本社に転勤した頃です。それまでは「人を見た目で判断してはいけない」と強く思っていましたが、ニューヨークではその真逆で、見た目で仕事ができる人間だと判断されなければ相手にされません。

あるとき、上司から「明日はどんなことをどんなふうにプレゼンするのか」と聞かれたので資料を見せたところ、「そんなことではなくて、どういう格好、どういう表情、どう話して、どう盛り上げて相手にプレゼンするのか」と問われたことがあります。

人に会うということは、相手のメモリーに刻印されるということです。一度刻みつけられた第一印象は二度と変わらないのだから、資料以前にプレゼスが大事なのだということに気づかされました。これが私の、プレゼンスとの最初の出会いでした。

もったいない優秀人材であふれている日本

海外で働いてみるとよくわかりますが、日本人は日本人が思う以上に優秀な人材だと見られています。脇が締まっているというか、責任感が強く、相手の期待に応えようとする気概にも溢《あふ》れていて、質の高い仕事をしてくれます。世界に誇るべきクールジャパンは、アニメやオタクビジネスのサブカルチャーだけではありません。

一方で、相手が自分のことをどう思っているか気になって、なかなか先に進めない消極的な人間とも見られています。堅実さと消極さは背中合わせです。日本では長所と見られる慎《つつ》ましさは、海外では短所と見なされます。

私が働いていたゴールドマン・サックスは、グローバルチームでプロジェクトを進めていました。世界各国のオフィスにメンバーがいて、本部はニューヨークにあります。当時、約15人のチームメンバーの内、私だけが日本人女性でした。それでも、日本人だから、アジア人だからと見下されることは決してありませんでした。

一方、東京オフィスのスタッフは全員がバイリンガルの日本人で、仕事の質もピカイチです。私は彼らのマネージャーとして働いていたこともありましたが、ニューヨークオフィスのメンバーと比べても遜色《そんしょく》ない優秀な人たちです。

しかし、彼らが持つ実力を他者に認めてもらうことは、そう容易《たやす》いことではありませんでした。なぜだろうと思ってつぶさに観察したら、彼らは〝**もったいない人材**〟なのだということに気づきました。本来持っている優秀な能力はグローバルの場では理解されづらいのです。

なぜ、本当の能力を理解されづらいのか？　そのヒントはミーティングやプレゼン、上司に報告をしている際などに見つけることができました。

彼らはせっかく良いアイデアがあっても、積極的に発言しようとしません。練りに練った企画なのに、プレゼンでは「どうですか、見事な案でしょう！」と胸を張って言うことはありません。上司に素晴らしい成功を報告するときも、まるで失敗を報告するかのように控えめにしか言いません。

自分を打ち出す力、つまり「エネルギーレベル」が低いのです。これは、アジア人、とくに日本人に多い特徴です。

エネルギーレベルを高めてキャリアを「卒業」する

エネルギーレベルとはどういうことかというと、デートのときを想像するとわかりやすいと思います。どんな服を着ていこうか、どんなふうに話そうか、食事をする場所の雰囲気は、別れ際にはなんと言って次のデートを約束しようか、一生懸命考えるのではないでしょうか？　そのときのエネルギーレベルは非常に高い状態です。

欧米では、これを仕事の場でも意識してやっています。つまり、**自分のイメージを意識的に作っていく**ということです。

たとえば、ある人が1年後にＣＥＯになるかどうかもイメージでわかります。見た目や佇《たたず》まいがガラリと変わるからです。服装も髪型も表情もしぐさもＣＥＯ然としてきます。中身がＣＥＯに相応《ふさわ》しくなったから、見た目が変わったのではありません。意識して見た目をＣＥＯらしくしています。これもイメージ戦略の一つです。

この話を日本人にすると、「まさかそこまで！」と驚かれますが、欧米ではごく当たり前の行動と変化です。**まわりに選ばれる人は自分が目指すレベルに合わせてプレゼンスを変革し続けています**。

これを私は**「キャリアの卒業」**と呼んでいます。小学生から中学生になるとき、あるいは大学生から社会人になるとき、卒業式や入学式を境に雰囲気がガラッと変わることがありますよね。わずか数日の違いなのですから、突然中身が変化するはずはありません。種明かしをすると、ランドセルが通学カバンに、Tシャツがスーツに変わることで、プレゼンスがワンランク上がるからです。

もしもオフィスに、よれよれのTシャツを着た若い社員がいたらどう思うでしょうか？　彼がどんなに仕事ができる優秀な人材だと聞いていても、大事なプロジェクトを任せたいとは思いません。それほど視覚情報が私たちの脳に与える影響は大きく、**論理よりも見た目の判断が勝ってしまいます**。

怖いのは、そうした見た目での判断も、コミュニケーションの一つだということです。会って話す、メールでやり取りするのと同じくらい、プレゼンスはその人のイメージを固定させてしまう重要な要素です。

打ち合わせはオンライン、情報交換はチャットという昨今においては、コミュニケーションにおけるプレゼンスの重要性はどんどん高まっています。腹を割って話せばわかり合える、きちんと仕事をしていれば多少愛想が悪くても良いという時代は、とっくの昔に終止符が打たれてしまっています。

タイムコスト意識で自ずと存在感はつくられる

さて、話を戻して、なぜ日本人は仕事ができるのに本来の能力が発揮されにくいのか、ということの原因をもっと詳しく考えてみます。私の仮説では、日本人は**コミュニケーションにおけるエネルギーレベルが低すぎる**のではないかと思っています。

たとえばプレゼンのときも、欧米のビジネスパーソンは「こんな面白い案があるんだよ！」とばかりに、エネルギーを前面に押し出しながら身振り手振りを交えて説明します。しかし、日本人はまるで「そんなたいしたものじゃないですが……」という控えめな感じで話しがちで、「どっちなの？」と受け取る側は迷ってしまいます。これは慎ましさなど美意識の問題ではなく、エネルギーレベルの問題だと考えています。

デートなら見た目で印象がどう変わるかちゃんと気にするのに、なぜ仕事になると疎《おろそ》かにしてしまうのでしょうか？　それは**仕事におけるタイムコストに気づ**

いていないからだと思います。

プレゼンとは、相手の時間を使って自分の企画の説明をすることです。たとえば1人1時間のプレゼンでそれが複数人いる場合、時給換算にしたらいくらになるでしょうか？　それが決して安くないものだとわかっていれば、どのように対処すれば良いかわかるはずです。

しかし、日本人の多くがプレゼンは自分がどう映っているのか、すなわち自分のコストだと考えがちです。そこに相手の存在はあっても、相手が払っているタイムコストは稀有《けう》です。だから、相手の時間を使っているという自覚があまりなく、ひいてはサービス精神を持ってしっかり伝えようとする気持ちに影響が出てしまっています。

ちなみに、欧米人がいるミーティングでは日本人もつられて話し方や身振り手振りが大きくなり、自然に笑顔すら出てきます。ところが、日本人だけのミーティングでは一切笑いません。笑ってはいけないという暗黙のルールがあるかのようです。こうしたルールは、変えていかなければならないと思っています。

プレゼンス否定文化ができた理由

こうした状況は、受けてきた教育の方針にも影響があります。欧米では、まず積極的に自分の意見を述べようと教わりますが、日本ではまわりと同調することを良しとします。

横並びを良しとする文化の中では、目立つことは「悪」とされています。一方、しっかり空気を読んで、まわりと歩調を合わせることが「善」とされています。

これが結局自己否定に繋がっていき、自分の存在感を前面に出すプレゼンスが否定される文化が醸成されたという仮説が成り立ちます。

しかし、空気を読むことなど本当にできるのでしょうか？　そもそも空気とは何か説明できるでしょうか？　本当にその場にいる人全員の考えていることが間違いなく読めるのであれば、その人はエスパーです。

私はあえて空気を読まない自称ＫＹですが、これからもこのままでいきたいと思っています。なぜなら、そのほうがお互いずっと楽だからです。本心を包み隠さず**オープンマインドでいれば、そもそも空気を読み合う必要はありません。**

集団ではなく「個」で活躍しても良い時代

もう一つ、これは「逆プレゼンス」と言うべき行動ですが、日本人は服装もまわりと同調する傾向があります。たとえば、幼稚園のお受験の面接がわかりやすいと思います。以前、久しぶりに日本に帰ってきたときに、街中で親しい友人家族が向こうから歩いて来ました。しかし、しばらくするまで誰かまったくわからなかったのです。ネイビーの地味なスーツとワンピース、いわゆるお受験ファッションに身をまとっていました。

そのプレゼンス（見た目）でなければ入園できない、そのプレゼンスでなければ幼稚園に認められない（と思い込んでいる）から着ているのだと思いますが、見事にその家族のプレゼンスを消していました。

こうした日本の同調文化は、海外生活が長いととくに気になります。たとえばスーパーの野菜売り場でも、形も大きさもきちんと揃《そろ》っていることにギョッとしました。ナスもキュウリもまっすぐで、長さまで同じです。なぜそこまでしなければならないのか理解できません。切って調理すれば同じではないでしょうか？

皆が足並みを揃えて同じ目標に突き進んでいた高度経済成長期の頃とは違い、今は文字通り多様性の時代です。育ってきた環境だけでなく、国すら違う人たちが同じオフィスで働くのが当たり前の現在、「皆」という概念自体がもはや死語です。皆と同じもの、皆がそう思っているから、皆とは違う……皆っていったい誰なのでしょうか？　本書を読んでもう一度よく考えてみてほしいと思います。

ただし、誤解をしてほしくないのは、**日本人は「個」になっても優秀**だということです。「個」が優秀だから助け合うことができます。

日本人は集団でないとダメだと思うのではなく、１人でも立派に世界で活躍できることに気づいてほしいのです。だからこそ大事なプレゼンスを磨く方法をお伝えしたいと思います。

一般人だからこそ「見られ方」が重要

プレゼンスを磨くこと、つまり服装や話し方、表情、立ち振る舞いなどを意識することは、芸能人や大企業の社長など一部のエグゼクティブだけのものと考えている人が多いようです。一般人は気にしなくても良いのでしょうか？　答えはもちろんＮＯです。むしろ**一般人だからこそ、見られ方が重要**です。

芸能人や大企業の社長はそれだけで存在感が十分にあるので、じつはさほど意識しなくてもプレゼンスは伝わります。ところが、一般人はよほど意識しないと伝わりません。

プロテニスプレーヤーの大坂なおみ氏ですら、プレゼンスを意識して普段から使い分けて行動していると言います。私も彼女の内面は非常に日本人的な部分を持ち合わせていると感じています。日本語で記者に質問されたときと、英語で質問されたときではまったく別人のようです。立ち姿もがらりと変わります。

なぜなら、欧米人に対しては、自分の意思をしっかり主張しないと認められないことを理解しているからです。

印象で判断されるのは一般人でも同じです。名声や肩書きがないからこそ、むしろプレゼンスを磨いて、**本当の自分の可能性を示すこと**が大事です。

第一印象はプレゼンスで変えられる

そもそも第一印象を変えることなどできるのか、と疑問に思う人もいるでしょう。どう印象を受け取るかはその人次第で、自分がどうこうできることではないと考える人がいますが、むしろ**第一印象こそ自分でコントロールしやすいプレゼンス**です。

第一印象は3～5秒で決まります。人間は初めて会った相手を最初の数秒のイメージで判断してしまう生き物です。その数秒で刷り込まれたイメージを、人間の脳はなかなか忘れることができません。確かに、第一印象を塗り替えるのは相当難しいことです。

そして、人は約20秒ほどで相手が成功しているか、重要な仕事を任せられそうか、などを決めているとも言われています。

それだけ第一印象は重要なのですが、逆に言えば、**最初の20秒さえクリアすれば、プレゼンスは変えられる**ということです。

実際に計ってもらえばわかりますが、20秒はけっこう短い時間です。商談だと名刺交換がそれくらいで、面接であればドアを開けて挨拶《あいさつ》し、名前を言って席に着くまでです。たったそれだけの時間で、人間は他人の品定めを完了させてしまいます。

人によるかもしれませんが、チェック項目はだいたい7〜9つくらいだと考えて良いでしょう。この人は成功しているか、頭が良さそうか、育ちの良い人かどうかなど、シビアな点を見ています。優しそうとか、話しやすそうとか、そんなたいして重要でないことではありません。相手のキャリアに直結するようなことを、たった20秒で判断してしまいます。まさに値踏みです。

最初の駆け引きは見た目で制される

この第一印象が相手の認知の大部分を占めてしまう人間の心理行動を「メラビアンの法則」と言います。1971年に、米国のアルバート・メラビアンという心理学者が提唱したもので、言語情報・聴覚情報・視覚情報が一致していないときは、言語情報（Verbal）が7%、聴覚情報（Vocal）が38%、視覚情報（Visual）が55%で影響を与えるとしています。つまり、**見た目が5割以上を占める**ということです。

50年以上前の説ですが、今でも十分通用すると思っています。むしろリモート会議など、実際に会わずに見た目の印象と会話だけでコミュニケーションしなければならない機会が増えた今こそ、見た目の重要さはますます高まっています。

ゴールドマン・サックス時代に営業担当者に聞いた話でも、**「初めてのお客様のところに行くときは9割以上見た目に気を遣う」**と言っていました。お互いに見た目で判断して、相手にどのくらいの情報提供をするかの駆け引きを瞬時に決

めているという のです。

では、どうすれば第一印象を変えることができるのでしょうか？　詳しくは第2章で解説しますが、ここでは触りだけご紹介します。

有名な話なのでご存知の方も多いでしょう。男性の場合、ネクタイの色がキーポイントになります。得意先を商談で訪れるときは、その会社のイメージカラーのネクタイを身につけて臨むトップ営業マンがいます。たとえば、三菱ＵＦＪ銀行は赤、みずほ銀行は青、三井住友銀行は緑といった具合です。

相手が自社のコーポレートカラーだと気づかなくとも、普段よく目にしている色ですから、親しみを感じてくれるのは間違いありません。そうした細かい工夫だけでも、第一印象は変わります。

プロとは「一流」であること

突然ですが、「プロ」とはどういう存在だと思いますか？「この人プロだよね」

と言われる人はどんな人でしょうか？　私は**プロとは、そのジャンルに関してエキスパートであること**だと思っています。

日本語で言うと一流。スポーツで考えると、ゴルフのプロはエキスパートですよね。スポーツはお金をもらっている人がプロ、お金をもらっていない人はアマチュアと区分されているので、とてもわかりやすいと思います。

では、仕事ではどうでしょうか？　お金をもらっている以上誰もがプロと言えますが、そうとは言えない人も残念ながら大勢います。高い報酬をもらっているにもかかわらずミスが多い人とか、自分から動こうとしない人とか、失言が多くてまわりの人がフォローするのに大変だとか……。

仕事においては、**「この人に任せておけば大丈夫」**という人がプロです。これまで「この人に任せておけば大丈夫」と思える素晴らしい能力の持ち主も複数いました。しかし、プレゼンスがまったく能力に合っていない人も多くいました。

自分に自信を持つことができない帰国子女のある女性は、英語が超エキスパート級でまわりに圧倒的に差をつける優れた能力を持っていたにもかかわらず、日本での同調圧力に耐えかね、自ら能力にストップをかけているようでした。

彼女の過去を知ったとき、私は「なんてもったいないんだ！」と心から思いました。このままではビジネスパーソンとしての可能性が埋もれてしまう、と危機感を抱いたほどです。

そこで私は、彼女のプレゼンスを磨くことを思いつきました。当時はまだ私自身がプレゼンスビルディングの手法を模索中だったので、多くのエグゼクティブに聞いて回ったり、自信をつけてもらうためにさまざまなプロジェクトを任せたり、試行錯誤を繰り返していました。

そうして、本来備わっている能力に、さらにプレゼンスが加わった彼女は、素敵に輝く逸材として誰からも信頼されるようになっていったのです。

プレゼンスは可能性を引き出す魔法

もう一つ、ビジネスにおけるプロとは、**エキスパートであることを他人にしっかり伝えられる人**だと思います。プロの仕事をすれば良いわけではありません。**第一印象からプロであること**が必要だということです。

じつはこの本を執筆するにあたり、担当編集者からメールをいただきました。ほかの出版社からもオファーをいただいていたのですが、彼女の企画書が本当に素晴らしかったのです。内容も的を射ているし、言葉遣いも見事だと思いました。この方は相当ポテンシャルが高く、かつ経験値の高い方だと思いました。

ところが、最初にオンラインでお会いしたときに、思わず「プレゼンスを変えたほうが良いのでは?」と言ってしまいました。なぜなら、思っていたよりも若く見えたからです。実年齢もそうでしたが、とても幼く見えました。

これはビジネスの現場において信頼を獲得するのに非常に不利です。「もっと自分の能力に合ったプレゼンスにしたほうが良いですよ」と初回の打ち合わせから失礼ながらも「もったいない!」が先行し、コーチングしてしまいました。

そうしたやり取りがあったことが、この本を世に出さなければならないという決意にも繋がりました。世の中には思っている以上に〝もったいない人材〟がたくさんいます。

この本では、プレゼンスの大切さをより多くの人に自分事として理解してもらうために、ストーリー仕立てで解説を挟みながら構成しています。日本の外資系企業で働く〝もったいない人材〟が、ニューヨーク帰りのメンターによってプレゼンスを磨かれ、本当の自分の可能性を発揮していくというストーリーです。

舞台設定や登場人物などは架空ですが、ちりばめられているエピソードは、私がゴールドマン・サックス時代に世界各国の同僚や上司から学んだことやプレゼンスビルダーとして数多くのエグゼクティブにアドバイスをしている中で得たリアルなものです。きっと皆さんの役に立つと思います。

プレゼンスは、自分の可能性を引き出すための魔法です。この本で〝もったいない人材〟から〝輝く逸材〟へと華麗に変身することを、著者として心から願っています。

本書のコンセプト

プレゼンスとは、自分の可能性を最大限に引き出す魔法です。

本書のターゲットである〝もったいない人材〟を投影した主人公が、プレゼンスの魔法によって本来の自信を取り戻し、みるみる〝輝く逸材〟に変わっていく様をシンデレラストーリーになぞって、そのノウハウをストーリー仕立てで解説を挟みながら紹介します。

主な登場人物

檜原美姫（ひのはら・みき）

本ストーリーの主人公。東京の外資系企業に勤める入社3年目の社員。洗練された職場とはミスマッチで、お世辞にもセンスが良いとは言えない。消極的な言動はまわりから見下されている。彼女自身も今の職場に居心地の悪さを感じており、「自分は学歴の高さだけで間違って採用されたポンコツ」と自らを卑下している。

大川千里（おおかわ・ちさと）

檜原の新たな上司として、米国ニューヨーク本社からやってきた凄腕マネージャー。仕事ができるだけでなく、話し方や立ち振る舞いまでエレガントで、その場にいる誰をも魅了する強烈な存在感を放つ。素質がありながら自信がないために結果を出せない檜原を見るなり〝もったいない〟と嘆く。そして、本場で学んできたプレゼンスで、檜原を磨き上げていく。

※そのほか、会社の上司、同僚などの周辺人物が登場します。ぜひ、自分の職場に当てはめて読み進めてみてください。

第1章

選ばれる人になるための初めの一歩

もったいない人材の運命を変えた日

その日、檜原美姫《ひのはらみき》は妙にソワソワしていた。米国本社から凄腕と評される敏腕マネージャーが、日本支社の檜原のチームリーダーとして、今日赴任するからだ。この人事が公になって以降、社内ではこの〝敏腕〟マネージャーに関するさまざまな噂《うわさ》が飛び交っていたが、どれも憶測の域を脱しなかった。檜原の胸の高まりが止まらないのは、その凄腕のマネージャーが「日本人女性」であるからだ。名前は大川千里《おおかわちさと》。いったいどういう女性なのだろう。想像すると思わずパソコンのキーを打つ手が止まってしまっていた。

世界的にも有名なグローバル金融サービス企業のトップ人材が集まるニューヨーク本社で、多くの一流人たちから一目置かれる日本人女性マネージャー。そんな肩書きの人が実際に存在するのだと檜原は思った。

まるで90年代のトレンディードラマの登場人物ではないか。そこに出てくるニューヨーク帰りのキャリアウーマンは、鎧《よろい》のような肩パッド入りジャケットで武装し、前髪は槍のように尖っている。何か言われても決して屈することはなく、クールな口調で理路整然と論破する。男性に愛想を振りまくなんてことはもってのほかで、つねに全身から近寄りがたいオーラを発散している。だから同僚女性からも距離を置かれ、やがて日本の職場で孤立する。孤独を癒してくれるのは行きつけのバーのバーテンダーだけで、飲むのはもちろんバーボンのロック。

細かい設定は作品によって違うが、そうしたキャリアウーマンに共通するのは〝男まさりで怖い〟というイメージ。休日は家に引きこもりドラマ三昧の檜原は、ニューヨーク帰りの女性敏腕マネージャーのイメージをその脳内に完全にインストールしていた。

そういう檜原も同じ世界的金融サービス企業の日本支社の社員だ。それなりに学歴の高い大学を出て、英語だってそこそこ堪能《たんのう》。週に一度のオンライン会議だって、すべて英語でやり取りしている。それでも檜原の所属する日本支社は、本社を地球にたとえると「そのまわりをぐるぐる回る衛星」だと実感している。本社で何年か働いて戻ってきた先輩たちの話によれば、「世界中から優秀な人材が集まり、仕事の仕方もまったく異なる。同じ世界で活動していることすら信じられないほど次元が違う」と言うのだ。

アジア地域レベルの統括会議でも、日本支社のメンバーはただ黙って聞いているだけというシーンが多く、そうした人間は自ずと輪の中心から外れていく。

結果、地球の外をぐるぐる回る衛星のような存在になってしまう。そんな疎外感を檜原はつねに感じていた。とくに外資系に勤めているというのが自分でも憚《はばか》れるほど、見た目も性格も内向きな人間だ。だから、本社の敏腕マネージャーなどというのは、檜原にとってはドラマの登場人物くらいの現実感しかないのである。

——運命の日はやってきた。これは大袈裟でもなく、檜原美姫という人間の人生を変えた日である。

大川の初出社の日。オフィスの扉を開けて入ってきた大川の第一印象を、檜原は今でも鮮明に覚えている。

背はさほど高くない。鎧のような肩パッドでもなかったし、前髪も尖ってはいなかった。むしろ柔らかい印象を与える見た目と雰囲気である。それなのに圧倒的な存在感があった。威圧感ではない。押しの強さではなく、むしろ他人の目を惹きつける魅力と言える。いや、魅力という一言では片付けられない。もっと深くて大きいものだ。

それこそが「プレゼンス」だということを檜原が大川から教わるのはまだ先のことだが、なるほど、人種、国籍、性別のハンデを乗り越え、多くの人材から上層部に選ばれるのはこういう人なのだと、檜原が納得したのは確かだった。

プレゼンスがあらゆるチャンスを生み出す

グローバルな社会の一員としてやっていくには、そこで用いられているコミュニケーション方法を学ぶ必要があります。その中でもプレゼンスというのは、非常に効果のあるコミュニケーションツールの一つだと思います。

プレゼンスを会得することによって新しいドアが開いていく感覚を得られます。なぜなら機会（チャンス）が増えるからです。この人と話してみたいとか、あの人のことをよく知りたいという人が、プレゼンスによって増えていくことは日本社会でも同様です。

機会が増えればいろいろな相乗効果が生まれ、自分の経験値は上がり、人生自体も充実したものになります。 実際に人の役に立つことが多い、顔が広い、人脈がある、いつも生き生きと楽しんでいる人は、プレゼンスが高いことが多いのです。そういう人に会うと、誰もが「こういう人、知っている？」と他人に紹介したくなるので、どんどん顔が広くなります。顔が広くなると出会いが増えるので経験値が上がります。人生が楽しくなります。だから輝いて見える。ますます紹介されやすくなる……プレゼンスの好循環です。

これからの時代を生きる私たちは、レベルの差こそあれ、皆グローバルで活躍していかなければなりません。それをすでに実感している人も多いでしょう。自分はそこで活躍できるのだろうか、活躍できる方法があれば知りたいと思って、この本を手に取ってくれたのだと思います。

では、なぜグローバルで活躍するのにプレゼンスが必要なのかと言うと、グローバル社会の中では、**「この人の話を聞きたい」と思わせられる圧倒的な存在感がないと、相手にされない**からです。

「いつも同じ人」であることこそがプロ

たとえば外資系企業では、自分から積極的に発言しなければ、ミーティング自体に呼ばれなくなります。それは〝いじわる〟ではありません。大事なミーティングなのに発言もしないような人は必要とされないからです。やがて「呼ぶの忘れていたね」と言われるような存在感の薄い人になってしまいます。

しかし、**プレゼンスが高い人は絶対に忘れられません。**「あ、○○さんも必ず呼んでおいて」と、そこにいて当然という存在感をつねに醸し出しているからです。

私もニューヨーク時代にこんなことがありました。当時、私は人事部で働いていたのですが、仕事に直接関係ない、たとえば外部との交流会や勉強会などのミーティングにも（いちいち）呼ばれていました。もちろん仕事なので断る理由はありませんが、ほかにも適任者はいるのでは？　と思っていました。

「私と同じレベルの話ができる人がいるからその人にお願いしてほしい」と依頼者に伝えたら、「その人ってどんな人？」と聞かれたのです。「どういう人ってどういうこと？」と思わず聞き返しました。するとその人は、答えの代わりに、いつも私を呼ぶ理由をこう説明しました。

「いつも同じだから」

これは、私が成長していないとバカにしたのではありません。大塚は絶対外さない、つねに「プロ」だからどこに呼んでも安心できる、という意味でした。私が紹介しようとした人に対してどんな人？　と聞いた真意は、「その人は同じようにプロなのか？」という確認のためでした。

このように、会議に呼ばれる理由一つとってもプレゼンスの影響は大きいものです。こうした機会が増えれば増えるほど、人生におけるチャンスも増えます。いかにプレゼンスが大事かということは、このエピソードだけでもわかっていただけたのではないでしょうか？

花柄のワンピースの何がダメ？

一悶着《もんちゃく》あったのは、〝運命の日〟から1週間後のこと。その日、大川は部下である冨永《とみなが》佳代子《かよこ》と一緒に得意先へプレゼンテーションに行く予定だった。冨永は大川がニューヨークにいたときから、オンラインで同じプロジェクトにかかわっていたパートナーだ。檜原にとっては先輩で、まだ20代後半にもかかわらず日本支社随一のやり手と言われる存在である。

このプロジェクトを中心となって進めていたのも冨永で、プレゼン資料も1ヶ月前から準備し、そのために夜遅くまでデスクに向かっている姿を檜原は何度も見かけていた。いつもクールで、それでいてオシャレにも気を抜かない。ちょっと少女っぽさの残るファッションセンスはどうかと思うが、檜原にとって最も身近な憧れの存在であった。

そんな冨永が、珍しく感情を高ぶらせながら、大川に食ってかかっている。

「なぜ、私は同行できないのですか?」

そんな冨永を、あくまで冷静な面持ちで見ながら、それでも約束の時間が迫っているのか慌てた様子の大川の姿を、檜原は少し離れたデスクからさりげなく、しかし内心は興味深々で見ていた。

「なぜって……理由は後で説明するから、とりあえずプレゼンは私一人で行く。あなたは連れて行けない。以上」

そう言うなり、大川は颯爽《さっそう》とブルーグレーのジャケットを羽織ってオフィスを出た。釈然としないのは冨永だ。

「あんなに頑張って作ったのに……。きっと手柄を横取りしたいんだ」

そう誰に言うともなくポツリと吐き捨てた冨永は、それから小一時間ほどは自分のデスクで資料を見つめたまま、微動だにしなかった。

しばらくして、大川が帰ってきた。その表情からプレゼンは上手くいったことがわかった。カバンを置くなり、ツカツカとハイヒールの音を響かせながら歩み寄ったのは、冨永の元である。

「あなたを連れて行かなかった理由を教えてあげるから、いらっしゃい」

そう言って、同じフロアにある女性トイレに向かった。檜原はこっそり後をついて行き、二人の会話に聞き耳を立てることにした。

「よく鏡を見て。あなたの服装、自分でどう思う？」

「どう思うって……、いつもこんな感じですが」

「同じじゃない。いつもより明らかにフリルも花柄も多いわ」

「それは、今日仕事が終わった後に合コンがあって——」

「あなたのプライベートはどうでもいいの。でも、その花柄のフリフリのワンピース姿で、大切なプレゼンの場に連れて行くことはできない。なぜだかわかる？」

「派手すぎるから？」

「場違いすぎるから。仕事で何より大事なのはＴＰＯ。私たちベストチームに見えるかしら？　相手の会社のことを真剣に考えていることが伝わらない服装で現れた人に、何千万円という大切な会社のお金を託したいと思う？」

しばらく無言が続いた。元々頭が良い冨永である。大川の言ったことを瞬時に悟ったのだろう。少し沈黙が続いた後、深刻そうな声が聞こえてきた。

「……申し訳ございませんでした」

「あなたがいつも花柄の服を着ているのは知っている。だけどまさかプレゼンの日まで着てくるとは思わなかった。だから事前に注意しなかった私のミスでもあるけれど。これからは気をつけてね」

足音が聞こえてきたので檜原は慌てて身を隠そうとしたが、トイレから出てきた大川と正面から遭遇してしまった。

「ん？」
「あ、トイレ、失礼しま～す……」

盗み聞きしていたことを誤魔化すために入ったトイレの鏡の前で、冨永は立ち尽くしていた。そそくさと後ろを通りすぎて個室に向かう途中、チラリと顔を見ると、その目には涙が溜まっていた。

そして、その翌日から、冨永は花柄の服を一切着てくることはなかった。

選ばれるかどうかを左右するアイテム

このトイレのエピソードは実話です。聞き耳を立てている人がいたかどうかはわかりませんが、花柄のワンピースを着てきた部下をプレゼンに連れて行かなかったのも、プレゼンから帰ってきて一緒に行けなかった理由をトイレで説明したのも本当の話です。トイレには大きな姿見の鏡があって、それに大きな花柄のワンピースを着た部下の全身を写しながら説明すると、彼女はすぐに意図を理解してくれました。

その場に適した服装をしていくことは、ビジネスパーソンであるならば誰もが知っているエチケットですが、徹底して実践している人は案外多くありません。

私はセミナーでゲストを呼ぶときでも、事前に「どんな服装で来られますか？」と聞いて服の色を揃えたり、外したりしています。もしも全員黒だとお通夜みたいになってしまいますから。そういうときは、自分の服で色を加えるなど工夫しています。

なかには意識の高いゲストもいます。先日も、こちらから聞く前に「私はこういう格好で行こうと思っていますが、どうでしょう？」と何枚かスマホで撮った写真を送ってくれた男性がいました。メールで3回くらいやり取りをして、「私はやっぱりこういう服で行きます」と決めたのが、スーツに清潔感のある白いスニーカーでした。セミナーの内容や会場の雰囲気、そして私の服装とのバランスを考え、カジュアル寄りに変更してくれました。何より彼は普段から清潔感があり、白いスニーカーはとてもお似合いでした。そうした自分の第一印象をよくわかっていたのでしょう。

なぜ、ここまで服装にこだわるのか？　それは**選ばれるか、選ばれないかを左右する重要なアイテム**だからです。服装一つでそんな二者択一のようなことが起こるのか？　もちろん、起こります。

選ばれたいなら
どんなときでも選ばれる服装で

私がニューヨークで働き始めたばかりの頃です。当時の上司はすごく顔の広い女性で、上層部とゴルフに行ったりしていました。部下のこともよく重役に紹介してくれていました。それは部下にとっては出世に繋がる大切なネットワーキングの機会です。

ある日もたまたま出会ったＣＥＯに私を紹介してくれました。しかし、一緒にいた私の同僚は紹介しなかったのです。ＣＥＯが立ち去った後、彼女は上司に「なぜチイ（私の愛称）だけを紹介して、私を紹介してくれなかったんですか？」と強く訴えました。そうしたら上司が言いました。「あなたはビーチサンダルを履いているから」。

私はそのとき、家が近かったのでハイヒールのままでした。ところが彼女は地下鉄をいくつも乗り換えて来ないといけなかったのでビーチサンダルで来ていたのです。「それはアンフェアだ」と同僚が言ったら、上司は「駅でビーチサンダルを履き替えて来ればいい。そうしたら次回は紹介してあげる」と返しました。上司にとって彼女は〝自分のチームの１人〟だと思われたくなかったのです。

この上司の態度と行動を理不尽だと思う人もいるでしょう。ハイヒールで朝のラッシュの電車をいくつも乗り換えるのがどれだけ大変なことか。しかし、そんなことはＣＥＯには関係ありません。それを説明している暇もありません。大事なのはその日そのときの印象です。**選ばれたいのであれば、どんなときでも選ばれる服装でいなければなりません。**

選ばれる人材になれるかどうかの分岐点

こうしたエピソードからわかるのは、服装への意識づけは、欧米人だからできる、**日本人だからできない、というわけではない**ということです。

私は小さい頃から祖母に身だしなみをうるさく言われていたこともあって、比較的服装には意識を向けていたほうでしたが、最初は会社ではあまり気にしていませんでした。

ただニューヨークで気づきました。何百人の前でプレゼンをする大事なイベントの前に、「どんな服を着ていくのか」と、上司に聞かれたときです。

「大勢の前で印象づけるためには、いつもより大きめのアクセサリーをつけて行ったらいいんじゃないか」とか、「アジア人は顔が幼く見えるからシックな服装が良い」とか、自分の持っているアクセサリーをたくさん持ってきてくれて、当日着る予定の服と合わせてみたり、スピーチの内容以上に親身になってアドバイスしてくれました。上司の素敵なアクセサリーを身につけることで自分自身に箔《はく》がついたような気分になり、本番でも自信を持てたことを今でも覚えています。

最近はジョブ型採用が増えています。プレゼンスとジョブ型採用は、イコールで結びついていると思います。なぜなら、**自分に合う職場で働くためには、プレゼンスを発揮して、自分らしさを人事権者にアピールする必要がある**からです。

誰でも自分を魅せる時代が来ています。いえ、**自分をプロデュースする時代**と言ったほうが正しいかもしれません。本書でプレゼンスをマスターすれば、自分が次に行きたいところに最短距離で行くことができます。行ってからそこに合わせるのではなく、行きたいところに合わせることで、早くそこに辿り着けます。

逆にそれをせず、自らのポテンシャルを発揮せずにキャリアを終わらせてしまう人も残念ですがたくさんいます。

選ばれる人材になれるか、選ばれない人材で終わるかは、じつはプレゼンスを間に挟んだ背中合わせの関係です。ぜひそのことに気づいて、**行きたい場所に最短距離で行けるプレゼンス**を手に入れてほしいと思います。

第2章

第一印象を変える
武器としてのプレゼンス

見た目は地味でもいつも心は戦闘モード

檜原はあれからずっと考えていた。「なぜよく似合う花柄のワンピースではダメなのか」ということだ。冨永はすぐに納得していたが、檜原はピンと来ていない。むしろ花柄のほうが目立って良いじゃないか。最初はそう思っていたが、大川を見ているうちに少しずつ考えが変わった。地味な服装をしていても目立つ人は目立つのだ。

大川は一見地味である。身長もさほど高くないし、ごく自然なヘアースタイルの黒髪で、いつも女性らしい柔らかなラインのブラウスやカーディガンでその身を包んでいた。色はつねにベージュやグレーである。檜原が好きなピンクや淡いパステルカラーの服などは、一度も着ているところを見たことがない。

そして何よりも謙虚な立ち振る舞いである。檜原はニューヨーク帰りのキャリアウーマンというのは、人を上から見下すような人物だとイメージしていた。しかし、それは完全な思い込みだった。一言で言えば、気配りのできる人である。

たとえば、大きな会議やセミナーで人が大勢集まるようなとき、大川は自分から参加者の輪に入って満面の笑みで話しかけて談笑する。そして、議長や主催者にはお礼の一言を忘れない。これで心を掴まれない人はいないないだろう。ただ頭数を揃えるために参加している檜原のような一般社員でも、その場の雰囲気がガラッと良くなるのがわかった。

そうした大川の姿勢はオフの場面でも変わらなかった。何度かオフィスのメンバーとランチをしたことがあるが、そんなときでも大川は気配りを忘れない。店に入るときには必ず従業員に会釈して、馴染《なじ》みの店員の近くを通ったときには「忙しそうですね〜」などと労《ねぎら》いの声をかける。そんな大川の存在感は抜群だ。

どんな混み合った店内でも、大勢の客がいても、大川の放つオーラは頭一つ抜けている。繰り返すが、外見は決して目立ってはいない。身長もさほど高くないし服装も地味。むしろ群衆に埋没していると言っても大袈裟《おおげさ》ではない。

これはいったい何なのだろうと檜原は考えるようになっていた。ふと思いついたのが「実るほど頭を垂れる稲穂かな」という日本の古いことわざだ。言葉の意味をそのまま受け取ると、人間はどんな立派な立場になっても謙虚であることを忘れてはいけない。むしろ立場が上の人ほどそうでなければならないという教訓である。それが大川を観察してようやく現実味を帯びたような気がした。それは〝選ばれる〟ためだ。

大川は気づいている。だから選ばれるように行動するし、実際に選ばれる。檜原は愕然《がくぜん》とした。それでは気の休まるときがないではないか。

大川はつねに笑顔でリラックスしているように見えるが、その内面は戦闘モードなのだろう。自分が他人にどう見られているか、檜原が毎朝前髪の形に一喜一憂しているのとは違うレベルで大川は自らの見た目を気にしている。本物のビジネスエリートとは、ここまでストイックなのか。思わず背筋が伸びるのを檜原は感じずにはいられなかった。

プレゼンスは１００％他人が決めるもの

私はつねにオーディエンス（観客）に囲まれていることを意識しています。こんなことを書くと、大塚はなんて自意識過剰な人間なんだと思うかもしれませんが、外に出た以上、つねに誰かが自分を見ています。そして、この人はこういう人間なんだと第一印象で思われたら、その人にとっての私の評価はそれで決まってしまいます。

だから、私からすると第一印象とは**一発勝負のジャッジメントの場**です。第一印象を覆すのはすごく難しいことですから、仕事相手と最初に会うときはいつも以上に気合を入れていくようにと、部下にはよく言っていました。

そして、選ばれることはフィードバック（評価）だと思っています。自分はその場を支配していると思っていても、**本当に支配しているのは相手やまわりの人**たちです。威圧的な人はその場を支配しているつもりでも、むしろまわりは心を閉ざしている可能性があります。しかし**本当に存在感がある人は**、**態度は謙虚でもその場を支配しています**。

ニューヨークで働いていたときも、今まで騒然としていたのにその人がやってきたらガラッと場の雰囲気が変わる人がいました。物静かな人なのに、誰もがその人の存在を無視できないのです。私はなぜこの人はその場の雰囲気を変えることができるのかと考えました。答えはかんたんで、〝選ばれている〟からです。

自分がこう思われたいと努力するのは自分です。しかし、それを決めるのは**100%他人**ということも忘れないでください。

「perception」という言葉がありますが、辞書で調べると「認識、知覚」という意味で訳されています。上司からは「perception is everything」とよく言われました。**「どう認識されているかがすべてだ」**と。私はこれを、自分が良いと思っていることではなくて、**相手がわかりやすいこと、相手に理解されやすいように振る舞ったり、話したりすること**が大事なのだと理解しました。

だから、プレゼンなどの場では、相手の理解を邪魔するような情報が多い花柄のような服は御法度というわけです。ほかにも、リストラの話をするときに派手なピンク色の服を着ていたら相手はどう思うでしょうか？　かといって真っ黒だと裁判官のような堅いイメージになります。そんなとき、私は誠実さを伝えるためにグレーの服を着ます。つまり**相手が良い印象を持つように細かいところまで気を配り、最大限の努力をする。**それがプレゼンスを発揮するということです。

その涙が、変わるきっかけ

大川のような存在感の強い人間を見ていると、仕事ができるから存在感があるのか、存在感があるから仕事ができるのか、どちらなんだろう？　と檜原は思ってしまう。

逆に自分のような存在感が薄い人間は、仕事ができないから存在感が薄いのか、それとも存在感が薄いから仕事ができないのか……。

そう思わせる出来事に直面することとなった。

社内での企画会議。檜原は渾身《こんしん》の一案を持ってその場に挑んだが、参加者の反応はいまいち。そう思えば思うほど自信がなくなり、プレゼンの声はどんどん小さくなっていった。最後は自分でも良いアイデアなのかわからなくなって言葉に詰まっていると、上司から「面白いと思うけど、現実的にどうかな」と言われて終了。現実的にどうするか議論の俎上《そじょう》に載せられることはなかった。いつもこうだ。

しかし、存在感のある人は違う。檜原と同じようなことを言っているのに、その人が提案すると、なぜか皆前のめりで「いいね、ぜひ前向きに検討しようよ」とその場でゴーサインが出てしまう。

そのたびに檜原は「私と同じことを違う言葉で言っているだけ」とひねくれた考えを抱いていたが、大川のような〝存在感の塊〟のような人間を目の当たりにすると、「ああ、そういうことなのか」と納得してしまう。

存在感のない人間は、何をやってもうまくいかない。なぜなら信頼がないからだ。信頼がないから大きな仕事を任せられない。成果も当然出せない。出世できない。自分に自信が持てなくなる。だから何をやってもうまくいかない。負の連鎖である。どうすれば、この鎖を断ち切れるのか？　どうすれば自分の存在を認

めてもらえるのか？　そんなことを、人気のないオフィスのトイレで、鏡の自分に問いかけている自分が情けなかった。

こんなはずじゃなかった――。子どものときから存在感の薄さを自覚していた。とにかく勉強して見返してやろう。その思いだけで偏差値の高い大学に合格し、就職活動も成功して、誰もが羨《うらや》む外資系企業で働いているけれど、じつは昔のイケていない自分と何一つ変わっていない。

「変わりたい……」

思わず言葉が口から出た。その頰《ほお》を一筋の涙がこぼれ落ちた。慌てて顔を洗い、顔を上げると、誰かが後ろから見ていた。

――大川だった。

人は見た目で損をしている

ニューヨーク勤務時代、私は英語がネイティブではなかったこと、アジア人だったこともあり、存在感を上げていかなければならないと痛切に感じていました。アジア人は欧米ではすごく若く見られます。これでは信頼も得られづらい、期待値すら下げられ、当然昇格もできません。

存在感を上げていかないと大損をしてしまうと気づき、自分なりに歩き方などにすごく気を遣うようになりました。具体的には、**つねに余裕がある雰囲気を出そう**と心がけました。

結局人間には、能力以前に見かけで判断されてしまうという現実があります。たとえば、私の夫は白人ですが日本語はペラペラです。しかし、駅の窓口に列車の切符を買いに行くと、窓口の人はだいたい「ノーイングリッシュ」と言ってあたふたします。「日本語できますから大丈夫ですよ」と夫が言うと、ハッとした顔をしてようやく普通に対応してくれます。

また、新幹線の車内販売の人に「すみません、コーヒーを一つ」と頼むと「ワンコーヒー？」と英語で返されるというパターンも多いです。日本語で話してかけているんだけどなあと、私たち夫婦にとってはちょっとした外国人あるあるネタの一つです。どちらも「外国人が来た」という視覚情報が脳を支配してしまい、冷静な判断が下せなくなっています。

これは日本人に限ったことではなく、すべての人に言えることです。ですので、**自分がどう見られているか知ること**は非常に重要となります。

檜原の会議の場面でもあったように、普段から仕事ぶりが真面目で言っていることも正しいけれど、存在感がないために意見を通せないという人は大勢います。存在感の薄さが「たいした意見じゃない」とまわりに思わせてしまうのです。

逆に言えば、**存在感を高めるだけで信頼が高まり、意見が通ってしまう**可能性もあるということです。

自分を知ってもらうには より多くの打席に立つこと

「ふ〜ん、つまり見た目で判断しないで、言っていることの中身で判断してほしいと、こういうわけね？」

不覚にも大川に「変わりたい」と涙した姿を目撃された檜原は、カフェに場所を移し、会議での出来事を打ち明けることになった。

「中身がダメなら納得できます。でも上司は私の言うことなんて最初から聞く気がないんです。どうせたいしたことないだろうって決めつけているんです」

「そのせいで自分の意見が会議で通らないと？」

「はい」

「うーん。残念ながらあなたの上司が正しいわ」

「え、人を見た目で判断することが、ですか？」

「倫理的にではなく、人間はそういうものだという意味での〝正しい〟ね」

「はあ」

「メラビアンの法則って知ってる？」

「メ、メラン……」

「人と人とのコミュニケーションにおいては、言語情報が7％、聴覚情報が38％、視覚情報が55％のウェイトを占めるという心理学の法則の一つよ。この法則に従えば、人は話の内容より、声のトーンや見た目で判断してしまう。そして、相手が成功しているか、重要な仕事を任せられそうかの判断を下すまでの時間は初対面からわずか20秒。はい。今から20秒あげるから、あなたのその素晴らしいアイデアについてプレゼンしてみて」

そういって実際に時計を見始めた大川。慌てて檜原は言い繕う。

「でも、上司は初対面じゃありません。もう1年も一緒に仕事をしています」

「何年一緒に仕事をしていても、最初に刷り込まれたイメージはかんたんには変えられない。それだけ第一印象は大事なのよ。はい。20秒経過。私の中のあなたのイメージは、何も言えずにあたふたしているダメ社員、これで決まりね」

「そんな、ずるいです！」

「まあ、あなたの言いたいことはわかるわ。誰だって自分の言っていることを聞いてほしい、見かけだけで評価されたくないと思うものだからね」

「本当の私を見てほしいんです。知ってほしいんです」

「本当の私ね……。そこに辿り着くまでが大変なのよ。たとえば、すごく見かけは素敵だけどそんなに性格は良くないって言われる人と、性格は良いけど見かけが残念だよねって言われる人。どっちが幸せになる確率が高いと思う？」

大川は両手で拳《こぶし》をつくって前に突き出して見せた。

「え、性格が良い人？」

「ブッブー！　それはあなたの願望でしょう。私は確率のことを言っているの。中身はいまいちだけど見かけが素敵な子は、少なくともデートに誘われる回数は多くなる。そのうちほとんどは1回切りで関係は終わってしまうかもしれないけれど、10回目で素敵なパートナーが現れるかもしれない。打率で言えば10打数1安打だから1割ってことね。だけど、見かけが残念という人はデートにすら誘われない。打席に立つことすらできないわけ。バットを振らなきゃ当然球には当たらない。当たればホームランを打つ力はあるけれど、打席に立てなければ打率は0割なのよ。言っていること、わかる？」

引き算と足し算でプレゼンスを高める

「わかります。私もそれなりに服装やメイクなどには気を遣ってきたつもりです」

「それが相手の目を曇《くも》らせる原因になることもあるわけよ」

「相手の目を曇らせる？　どういうことですか？」

「今日はあなたに一つだけ良いことを教えてあげる。存在感を高めるコツは引き算と足し算。以上」

「いや、もうちょっと詳しく教えてください」

「つまり、やりすぎてもダメ、やらなさすぎてもダメってことね。たとえば、あなたの今日のファッション、完全にやりすぎよ」

檜原はアウトレットで買った有名ブランドのブラウスを着ているが、全面にブランドのロゴが大きく入っている。

「ハイブランドを身にまとうのは自分の存在感を高める上で悪くないけれど、ロゴやシンボルマークが過剰なものは、印象をそっちに持っていかれると心得ていたほうがいいわ。わかる人はロゴやシンボルマークがなくたってその価値がわかるもの。それすらわからないような人間に、わざわざこれはどこそこのブランドですと教えてあげる必要がある?」

「ないです」

「むしろこの人はブランドの権威を身にまとわないといけないくらい自信がないのかと思われてしまう。だから、余計なものはプロフェッショナルの場ではとくに身につけないほうがいいの。だから、引き算」

「なるほど。引き算ですね」

「ちなみに、私が今着ているこのカーディガン、どこのブランドのものかわかる？」

「とくにロゴマークはないですけど、イタリアの高級ブランドか何かですか？」

「日本のファストファッションブランドよ。寒かったから朝、駅前で買ったの。一枚２９８０円！」

「見えないです！」

「でしょ？」

檜原は完全に大川の存在感に魅了されていた。大川の２９８０円のカーディガンを自分が着たら、きっと値段相応に見えただろう。いや、仮に3万円のものを身にまとっても、その値段であることをわからせることは難しいに違いない。残念ながら、それが大川と自分の差だと思った。

「足し算はどういうものなんですか？」

「一つの例だけど女性の場合だとアクセサリーね。若いときはどうしても威厳が足りないから、大事なプレゼンや大勢の人の前に立つときは大ぶりのものを身につけたほうが存在感が出る。これが足し算。私も若いときはビー玉くらい大きなネックレスを身につけていたわ」

「そうなんですね。でも今はすごくシンプルで控えめです」

「立場上、あまり威圧感は与えたくないから、身につけるものはシンプルで落ち着いている品が良いもの。だから今の私にとって、アクセサリーはＴＰＯも踏まえておおかた引き算ね」

「なるほど、若くて威厳がないときは大ぶりなものを加えて存在感を上げる。威圧感を与えないようにするためにはシンプルなものを選ぶ。そこのプラスマイナスの調整が大事なんですね」

「そう。あなたなかなか飲み込みが早いじゃない」

身につけるものを心から「イケている」と思えるか?

服装による印象というのは皆さんが自覚している以上に大きいものです。たとえば、アップル創業者のスティーブ・ジョブズ氏は、黒のタートルネックにブルージーンズというスタイルがお決まりでした。なぜそうなったかについては非常に有名な話なので省きますが、本人のイメージだけでなくテック関係者は皆ああいう見た目なのだと錯覚させるほどの印象を与えました。彼に憧れて同じスタイルで通すITベンチャーの経営者が続出したほどです。

メタ(元フェイスブック)のザッカーバーグ氏もそのうちの一人と言えるでしょう。彼はいつも同じグレーのTシャツを着ていることで知られています。ただし、イタリアの高級ブランド「ブルネロ・クチネリ(BRUNELLO CUCINELLI)」のものがほとんどです。そう思わせないのは、彼の引き算のセンスの賜物《たまもの》かもしれません。

大川は、女性のアクセサリーを例に足し算と引き算のコツについて説明しましたが、もちろん男性にもあります。たとえば、男性は若いときには襟付きの長袖シャツを着るのがベターです。そのほうが**誠実に見えますし、腕まくりをすることでやる気をまわりに印象づけること**ができます。ここで、スマートウォッチとセンスの良いベルトを身につけるのも若い人の権威づけには良いですね。これは足し算です。

一方、シニア年代になって若い人に威圧感を与えたくない場面では、**ジャケットを脱いで、シャツだけになる**と良いでしょう。私も部下から難しい話を聞かないといけないときは絶対ジャケットは着ません。相手が話しやすいように、たとえばカーディガンを羽織ったりするだけに留めます。これが引き算です。

また、私は仕事で柄ものの服を着ません。それは、相手の目が柄のほうに向いてしまうからです。オンライン会議中の背景にはいつも白黒の絵をかけた壁にしていますが、それも**皆の気が背景にいかないようにするため**です。私と対面しているときは、つねに私の言うことだけに全神経を集中させてほしいからです。

ただし、単純に足し引きすれば良いというわけでもありません。他人から見てどうかということだけでなく、**本人のメンタリティにもポジティブに働くかどうか**が重要です。たとえば、童顔のために仕事のときは足し算として伊達メガネをかけるという人がいるのですが、**メガネのデザインそのものが本人の気分を〝アゲる〟もの**でないと、本当のパフォーマンスは発揮できません。順番としては、**第一にTPOに合っているか、次に他人から見て好印象か、その上で自分を心理的に助けてくれるかどうか**という判断基準で足し引きをしてみてください。

鏡で全身を見て、「よし！　私はイケてる！」と思えるかどうか。自分でイケてないと思ったら、それは絶対イケていません。

洋服を買いに行くときは試着すると思いますが、どれだけ店員に褒《ほ》められても、自分が良いと思えなかったらそれはNGです。私も頼まれて人の買い物に付き合うことがよくありますが、その人が試着室から出てきた瞬間の表情でわかります。その人が買いたいと思っているのか、そうではないのか。迷ったらやめる、これも服装選びで大事なルールの一つです。

身なりの変化はポストに就く前か後か？

「お願いします！　私を変えてください！」

カフェにいたほかの客は、檜原の大きな声と深々としたお辞儀に思わず振り返った。


「わかったから。そうやって頭を下げればすむと思うのは日本人の悪い癖よ」

「すみません」

「すぐ謝るのもそう。謝罪は本当に謝るべきときのためにとっておきなさい」

「はい。すみま――あっ」

「一つだけ条件がある。もしあなたが、自分が変わったと確信できたら……」

「確信できたら？」

――その日から、大川によるパーソナルレッスンが始まった。

ある日、檜原が大川に連れて来られたのは、都内のとある会員制のバーである。そこは一流企業のエグゼクティブとその関係者だけが入ることが許された禁断の空間。そこにいるのは現在経営者か将来的にそうなる可能性のある人物だけ。

「私、場違いじゃないですかね」

「大丈夫。どう見ても私の付き添いだから。コバンザメ的な存在ね」

「コバンザメ……」

大川と檜原は、店内全体が見渡せる位置のテーブル席に陣取り、やってくる客をつぶさに観察していた。

「私がいたニューヨーク本社では、次のＣＥＯは誰かすぐにわかったわ。見た目が急に変わるから。ダイエットして痩《や》せたり、筋トレして体格が良くなったり。いずれにせよ、自分をきちんとコントロールできない人には会社の舵取りもできないという不文律が欧米のビジネス界にはあるから、そう見られないように皆必死なのよ。さらには権威づけのために薄かった頭髪を思い切って剃り上げたり、髭を剃ったり……あまりにも見た目が変わるから、顔馴染みでも人混みの中で探せない人もいるほどよ」

「でもそれって、ＣＥＯに決まったからイメチェンするんですか？　それとも自分が次のＣＥＯになるだろうなと思うからイメチェンするんですか？」

「後者よ。それでオファーが来なかったら、その人はＣＥＯにはなれないということ」

「自己アピールなんだ……。そこまでしてＣＥＯになれなかったら超ハズいかも」

「それだけビジュアルを重視しているということなの。だからエグゼクティブには皆コーチがついているわ。イメージコンサルタントやスピーチコーチなどね。大統領はまさにその究極。選挙がある年はニュースをよく見ていると面白いわよ。どんどん変わっていくから。投票当日がその完成形というわけ」

「すごい世界ですね……」

「さて。今ここにいる客の中で、とある大手企業の次期社長と噂されている人物がいるんだけど、誰だと思う？　それが今日のレッスン」

檜原は慌てて店内を見渡した。店内の客は大川と檜原以外に、スーツ姿の男性が5人と女性が2人いる。皆それなりに威厳があり、着ている服も上等そうだ。

「皆そう見えるんですけど……」

「そうね。この店にいるということは、誰がそうであってもおかしくないということだから。だけど、本当にそうである人物は、まとっている雰囲気でわかるものよ」

「うーん……」

残念ながら今の檜原の観察力では、見れば見るほどわからなくなるのだった。

上に立つ人ほど「見た目」で存在感をつくる

ハリウッド映画があれだけ世界中で人気があるのは、いろいろな人種・母国語の人が見てもわかるよう、あらかじめ設計されているからだと思います。とくにエンターテインメントでは考えさせるより直感的に面白いと思ってもらえなければ負けですから、それをビジネスの世界でも徹底させているのが米国の文化だとも言えます。

グローバル化が加速している今日、ビジネスの場ではとくにその傾向が顕著です。その中で「あの人痩せてスッキリしたね」「服装に一段と気を遣うようになった」「歩いている姿がCEOみたい」といった暗黙のコンセンサス（合意）を集めていった人がCEOになります。つまり、**「あの人がCEOだったらいいな」と思われる人が実際にそうなる**傾向が強いのです。

私は、グローバル企業のCEOになったことがないので本当のところはわかりませんが、その下で働いたり、グローバル企業のCEOと親交したりという経験から言うと、CEO自体は誰がなっても大きくは変わらないはずです。経営者が代わるごとに大きく方向転換したり、昨日までやると言っていたことを朝令暮改で反故にしたりすることはできません。

それでもトップが誰になるのかが一大事なのは、同じ方策でも指示を出す人間が違えばその実行度合いは必ず変わるからです。そのときに大事になるのは、見た目であったり、口調であったり、声のトーンであったり、キャッチーな言葉であったり、**いわゆる感情的な印象と言われる類のコミュニケーション**です。

上の存在になればなるほど、遠くからしか見られないわけですから、より見た目が重要になってきます。

メッセージはいつでもどこでも飛んでいる

檜原の目が、テレビの経済ニュースの画面に釘付けになったのは、大川と会員制のバーに行った1週間後のことだった。そこには、バーで見かけた人物の顔が映っていた。某大手飲料メーカーの次期CEOは、同社初の女性。あの夜、バーにいた2人の女性のうちの1人だった。

「大川さんは知っていたんですか？」

「大川さんはやめて。昔の演歌歌手みたいで好きじゃないのよ。チイで良いわよ」

「じゃあ、チイ……さん」

「もちろん知らないわ。そんなトップシークレット、部外者の私が知っていたら大問題じゃない」

「じゃあ、なんで――」

「私にはわかったかって？　あの店にいる客なら誰がなってもおかしくないし、すでに経営者だという人もいたはず。それでも、もうすぐ経営者になる人は一種の独特な存在感を放つものなのよ。抑え切れないエナジーというか、オーラのようなものをね。言葉ではうまく説明できないけど」

「でも、どうして大手企業だと断言できたんですか？」

「背負うものの重みの違いかしら」

「背負うものの重み？」

「数十人の社員の生活と、数万人の社員の生活とでは重みが違うと思うの。やっぱり大企業の社長は目つきが違うから。覚悟というか、冷静だけれど熱くたぎるものを持っているというか。そんな目をしていたのは、私が見た限りあの女性だけだった」

「でもまさか女性だとは」

「そういうの、時代遅れよ。あらためなさい」

「はい。それにしても、目つきだけでわかるものなんですね」

「目つきだけじゃないわよ。メッセージはいつでも飛んでいるんだから」

「メッセージ？」

大川は目の前のテーブルに、名刺入れから無作為に取り出した他人の名刺を数枚、無造作に並べた。

「これはニューヨーク時代にやっていたケーススタディなんだけど、お題は会社の祝賀パーティーで会った人たちの中から、次期重役ポストの人材を選ぶというもの。バックグラウンドとして与えられる最初の情報は名刺だけ」

「名刺だけって……どうやって選べば」

「でもなんとなくあるでしょう。この名刺の持ち主には仕事を任せられないという直感のようなものが」

「確かに、ポップな字体の名刺にはあまり威厳がない感じはしますね」

「次に与えられる情報は名刺入れの見た目。色がピンクだったとか、黒いレザーだったとか。さらにはその人の服装や外見も加えられる。黒髪のセミロングで小ぶりのネックレスをしていたとか、紺のブラウスに白いパンツで靴がベージュだったとか。そして最後は人種的な特徴。名前は漢字だけど実際は欧米人だったとか、その逆もあるわね」

「いろいろ情報がありすぎて、誰が相応しいかなんてわからないですよ」

「もちろんこれはケーススタディだから、実際にこういう名刺を持っている人が重役ポストに相応しいか判断するためのものじゃない。大事なのは、人は第一印象だけでなく名刺や肩書きなどの情報にすら先入観を抱いてしまうことを知ることなの。あなたも私の肩書きに興味津々だったじゃない」

「いえ、私は――」

「で、どう？　私のこと、最初は帰国子女だと思ったんじゃない？」

「はい。親の都合で小さい頃からアメリカで暮らしていたんですよね？」

「いいえ。渡米したのは大学のときよ。だから、正直言って今でも英語のスピーキングには自信がない。だけど、皆私を帰国子女だと思っている。私が醸し出している雰囲気がそう見させているのだと思う。これだけ人間は見た目や雰囲気だけでイメージをつくってしまう。しかもそれを本人が意識していようがいまいがおかまいなしにね。間違ったメッセージであってもつねに情報は発信し続けられて、それをまわりの人は勝手に受け取っているということ」

「油断できないですね」

「だからもし先日のバーにいた女性が良くないメッセージを発していたら、私もあんな問題は出さなかったでしょうし、それ以前に次期CEOには選ばれなかったと思うわ。いつでもどこでもCEOに相応しいメッセージを発信し続けることができる存在、それが本当のトップの器というものなのよ」

「トップの器か……」

プレゼンスは自分らしさを表現する最強の武器

第一印象の判断材料となる視覚情報は、**相手の視覚に入った瞬間に相手に受信されます**。扉を開けて入って来た瞬間の、その無防備さは表情から相手に伝わってしまいます。

私はオンライン会議でも、参加する前には必ず自分の表情をチェックしてから入室します。口角をしっかり上げて、はつらつとした雰囲気を出すようにしています。

もしも私がオンラインのトークルームに入ったときに口角が下がっていて、元気がなさそうな表情だったら参加者はどう思うでしょうか？　どこか具合が悪いのではないか、と会議中も気になってしまうと思います。

そのような先入観のもとになるのは視覚情報だけではありません。**文字情報もさまざまなメッセージを発信しています。**

たとえば、プロフィールです。私自身のプロフィールには、良くないバイアスをかけてしまうおそれがある情報は入れないようにしています。とくに**学校や出身地については戦略的に入れていません**。それが良いか悪いかではなく、その情報自体が持つ偏ったイメージを持たれたくないからです。

英語表記では「Chi（チイ）」という名前にしているのも、当時は国籍不詳にしておきたかったからです。中国人かもしれないし、日本人かもしれない。別に私は国籍を売りにしているわけではないのでどう見られても構わないのですが、逆に日本人だからという目で最初から見られてしまうと損をすることもあるでしょう。

そうであれば、最初から日本人のイメージはなく、グローバルに見られたほうが良いと思っていました。今でもそうし続けているのは、結果的にそのほうが自分の経歴に合っていますし、いろんな人に隔たりなくリーチできるからです。

自己紹介などの場では、**どのようなパーソナル情報を出すべきか、出さないほうが良いのか、実際に会うときまで取っておく情報**なども考慮して吟味してみることをおすすめします。とくに**年齢はバイアスがかかりやすい情報**なので慎重に考えてみてください。

もちろん、自分のプラスになるのであれば発信しても良いでしょう。たとえば親しみやすさをアピールするために、関西出身だとわざわざ名刺に刷る人もいるくらいです。

メッセージはいつでも飛んでいると言うと、家に帰るまで気が抜けないとネガティブに考える人が多いのですが、逆に言えばいつでも自分を良く見せるチャンスが転がっているということです。

プレゼンスというのは、初対面の相手にも、**自分を自分らしく見せることができる最強の武器**です。面倒がらず、ぜひ積極的に活用してほしいと思います。

第3章

プレゼンスを高める3つの戦略

プレゼンスを得るまでの3つのステップ

「今日からいよいよ本題よ」

いつも以上に真剣な眼差しの大川に、檜原は思わず息を飲んだ。今までが本題ではなかったと言うのなら、これからはどれだけハイレベルになるのだろう。果たしてついていけるのだろうか？　不安ではあったが恐怖はなかった。むしろ早く変わりたいという願望が、ネガティブな感情をすべて排除していた。

今日のプライベートレッスンは会議室で行なわれた。月に1回、マネージャークラスの社員と1on1ミーティングができる社内制度を利用し、檜原が大川を指名したのだ。本題に相応しい環境が整った。

「本日はご指名、ありがとうございます」

「チイさんでも、そんなジョーク言うんですね」

「知らなかった？　ニューヨークではアジアのジョーク製造マシーンと呼ばれてたのよ」

「初耳です」

「だってジョークだもの」

「……早く進めてください。」


大川はこんなふうに場をリラックスさせる天才なのだ。

そして、大川がおもむろにホワイトボードに書き記したのは、次の３つだ。

①ゴール＝目指す自分の姿を決める
②一貫性を持たせる
③戦略的に準備する

「プレゼンスというのが、自分の存在感が人に与える影響力であることは、これまでの講義でわかってもらえたと思う。具体的な例もいくつか見せてきたはず」

「どんなに混んでいるお店でも絶対に無視されないとか、次期CEOは見ただけですぐわかるとかですね」

「そうね。そうしたプレゼンスがいかに世の中に影響を与えているのか、そして自分の人生を左右するか。その存在にすら気づいていない人がほとんどだから、あなたにはかなりのアドバンテージがあるのよ」

「その実感は今のところないですが……」

「で、今日からは自分のプレゼンスをいかに構築するかという実践的な話に入るわ。一つ一つマスターしていけば確実にあなたのプレゼンスは上がる。なぜなら今のあなたのプレゼンスはココだから」

と、大川は手のひらを下に向けて、自分の腹部の前あたりの位置に置いた。

「真ん中ぐらいってことですか？」

「まさか」

その手をさらにぐっと下に押し下げて、床ギリギリのところで止める。

「一番下ってこと」

「ひどい！」

「だから後は上がるしかない。成長を楽しみなさい」

成長を楽しむ。課題に向き合うことを、そんなふうに考えたことは檜原の人生でこれまで一度もなかった。

だが今は違う。学ぶのが楽しみで仕方がない。初めて自分自身のために努力することを、檜原は心からワクワクしていた。

【ステップ1】ゴール＝目指す自分の姿を決める

「それじゃあ、さっそくいくわよ。まずはゴールを設定すること。プレゼンにおけるゴールとは、目指す自分の姿よ。そこに最短距離で辿り着くことが今回の最大のミッション」

「目指す自分の姿って、どういうものですか？」

「なんだっていいのよ。年収5000万円以上でも、誰からも一目置かれる人みたいなのでもいい。具体的な芸能人を挙げてこんなふうになりたい、というのでも構わない。大事なのは目標を明確に設定すること。あなた、3年後の自分がどうなっているか考えたことある？」

「いや、考えたことないですね」

「これまで一度も？」

「はい。大学に合格するとか、就職するとか、そういう目標はありましたけど」

「それはたんなる通過点じゃない。大事なのは、自分が将来的にどうなりたいかでしょ。あなたはどんな自分になりたいの？　そのために3年後はどんな自分になっているべき？」

「すみません。まったくわかりません」

「それって志望校も決めないでとりあえず勉強だけしているようなものよね。それで良い大学に入れると思っていたの？」

「……申し訳ございません」


今にも泣き出しそうな檜原を見て、大川は思わず苦笑いを浮かべた。


「なんて、そんなふうに将来の自分どころか3年後の自分のイメージすらできない人がほとんどよ。あなただけじゃない。安心して」

「はい……」

「でも、今日からはちゃんとイメージすること。スポーツの世界だってゴールの位置が決まっていないと、どこにシュートを打てば点が入るのかわからないでしょ？　プレゼンスの良いところはゴールを自分で決められることなの。ものすごく高いところに置いてもいいし、まずは低いところに設定してもいい。なぜならこれは他人と競い合うのが目的ではなくて、なりたい自分に最短距離で到達するのが目的のゲームだから。すべて自分次第なのよ」

いきなりハイレベルな問いを投げかけられて、檜原の頭はフリーズ寸前だった。ただし、自分のペースで目標に向かって進めるＲＰＧ（ロールプレイングゲーム）であるということだけが、少しだけ檜原の心理的負担を軽くしていた。ＲＰＧで大事なのは、地図の読み方を間違わないこと、進むべき道筋を見失わないことだ。

最初のゴールは「Who」で考える

「つまり、自分の本質的な軸をゴールに設定するべきだということですか？」

「うーん、良い質問だけど、ちょっと違うわね。自分の本質とか軸とかって言うと、本来あるべき普遍的な自己存在というか、絶対変わらないものってイメージじゃない？　でもそんなものが本当にあるのかわからないし、そもそも自分探しをしているわけじゃないの。プレゼンスは未来を変えるもの。あえて軸という言葉を使うなら、座標軸を将来に合わせるって言ったほうがしっくりくるかな」

「なりたい自分をどの座標軸に設定するかということですね」

「その通り。かんたんに言えば、まわりから見てどんな自分でありたいかということ。たとえばカフェで同僚たちとランチをしたとする。仕事の都合であなただけ30分早くそこを出ないといけない。あなたがいなくなった後、皆はあなたをどのように噂するのか。その人たちの目にあなたはどのような人として印象づけたいかということなのよ」

「なんだか哲学的ですね。でも、そういうときって、やっぱり自分は良い人に見られたい、つまり良い印象を残したいですよね」

「そう。英語ならこう問いかけるところね。『Who do you want to be remembered as』。あなたはどんな人と思われたいのか？　この『Who』が最初に設定すべきゴールよ」


どんな人と思われたいのか。それをどう自分でコントロールしていくのか。答えを具体化することは決してかんたんではない。なぜなら、自分のことを一番理解していないのは自分だと言えるからだ。本質的に自分は自分を客観視できない。他人として自分を冷静に見ることなどできない。

今の自分がどうであるかもわからないのに、３年後はおろか、人生の最後に理想とする自分などわかるはずがない、と檜原は脳内で思考を巡らせていた。

自己イメージを膨らませる「自分への質問票」

「おっしゃることはよくわかりました。でも、普段から座禅や瞑想《めいそう》が趣味で自己を見つめることに慣れているような人以外、自分のゴールを決めましょうと言われても正直難しいと思うんです。少なくとも私は難しいです。何かコツはありますか？」

「安心して。こういうのがあるから」

そう言って大川が檜原の前に差し出したのはA4サイズの紙だ。上下に項目が分かれていて、さらに細かいマスで分類されている。

自己イメージ診断ワークシート

Question	Topic
1	あなたにとってイメージとはどんなものですか？
2	あなたにとってイメージはどの程度大切なものですか？
3	あなたのボディランゲージを客観的に見てどう思いますか？
4	あなたの表情・立ち振る舞いを客観的に見てどう思いますか？
5	【視覚情報】あなたの服装・靴・持ち物、髪型の改善点は何だと思いますか？ また、その理由は何ですか？
6	あなたの好きな色と苦手な色は何ですか？
7	あなたが挑戦したい色とその理由は何ですか？
8	【聴覚情報】あなたの声のトーン、話し方（言葉も含む）の改善点は何だと思いますか？ また、その理由は何ですか？
9	あなたは存在感があるほうだと思いますか？ また、その理由は何ですか？
10	あなたの行動パターン・しぐさ・癖で気づくことはありますか？
11	あなたがイメージするゴール（目指す姿・存在・自分）は何ですか？

あなた自身にあてはまる点数をつけてください。

1：とてもあてはまらない　2：あてはまらない　3：あてはまる　4：とてもあてはまる

Question	Characteristics／Traits	
1	能力があるように見える	
2	自信があるように見える	
3	知的に見える	
4	オープンマインドに見える	
5	信頼性があるように見える	
6	アプローチしやすく見える	
7	ポジティブに見える	
8	親近感を持たれやすいように見える	
9	道徳的に間違ったことをしないように見える	
10	自分を持っているように見える	

「これは『自己イメージ診断ワークシート』と言って、今の自分を自分がどのように捉えているかをあぶり出すための自分への質問票ね」

「自分への質問票？」

「そう。あなたが言う通り、自分の外見的イメージを客観視するのは難しいわ。自問自答しようとしても、結局精神論にしかならない可能性のほうが高いからね。だからこちらで用意した質問に答えるかたちで、外見に対する自分のイメージを自己認識してもらおうというものなの」

「つまり、ここに書いてある質問に素直に答えていけばいいわけですね？」

「そうよ。大丈夫。マインドコントロールの類じゃないから。たんなる外見に関するアンケート調査だと思って気楽にやってみて」

ざっと読んでみると、ボディランゲージや表情、立ち振る舞いなど、タレントのオーディションのようだ。これで自分を客観視できるのだろうか。

「上の項目は自分の意思や考え、下の項目は自分が客観的にどう見られているかという自己評価のための質問が並んでいるの。そうすると、上の項目では自分の立ち振る舞いが偉そうだと考えているのに、下の『自信があるように見える』という自己評価は低いというギャップが生まれることもあるわ。じゃあなぜそのようなギャップが生まれるのかを深掘りしていくと、自分が本当はこう見られたいんだという自分のイメージ、つまりゴールが見えてくるというわけ」

「なるほど。緻密な計算がされているんですね」

「そうよ。ちなみになぜ4段階評価にしているのかというと、5段階評価だと日本人は大体3をつけてしまうから。どっちつかずなのよね。だから必ず低いか高いかに偏るよう4段階にしているの」

何かを失ってでも実現させたいゴールかどうか？

檜原は、大川の質問票を見てふと思ったことを口にした。

「これを一通りやって自分のゴールを設定するんですよね。チイさんはそれを否定することもあるんですか？」

「私から否定はしない。その理由を一緒に探っていくうちに、本人が自分で否定することはあるわ」

「自分の考えが間違っていたと気づく、ということですか？」

「そう。あなた、コーチングを受けたことはある？」

「ありません」

「基本的にコーチはコーチングを受ける人へアドバイスくらいはするけれど、その人の考えている思考を変えることはしないわ。なぜなら『コーチ』とは馬車という意味で、その人が行きたい方向に引っ張るのが仕事だから」

「コーチで馬車って……、あのブランドを思い出しますね」

「そう、まさにあのロゴの通りよ。馬車が主人を勝手な場所に連れて行ったらおかしいじゃない。つまり主人はあなた。馬車である私は、こっちに行きたいのはどうして？　その先は断崖絶壁だけど大丈夫？　というアドバイスくらいはするかも。それでも崖に向かって行きたい人はどうぞご自由に。失敗からの学びもあるから」

「それじゃあ、もしも私が髪の毛を蛍光グリーンに染めたいと言ったら、『良いんじゃない、それも経験よ』って言うんですか？」

「そうね。まず『どうして蛍光グリーンにしたいの？』って聞くわね」

「『今までの自分とは違うイメージを持ちたいんです』と言ったら？」

「どうして今までと違うイメージを持ちたいの？」

「自分の力をまだ発揮できていないと思うからです」

「どういった部分で力を発揮したいと思っているの？」

「私はブランドの大きなロゴが入った服をたまに着ることはあるけれど、意外と保守的で常識的なんです。突飛な行動もしないので、自分で面白みに欠けると思っています。自分にユニークさや突飛さがあればもっと楽しい人生が送れるんじゃないかと思って」

「髪を蛍光カラーにすると、どんな面白いことが起こると思う？」

「この人は本当はこんな髪の毛の色にする面白い人なんだと思われて、今までとは違った仕事をやらせてもらえるんじゃないでしょうか？」

「その面白い仕事というのはどんな仕事？」

「面白い仕事？　うーん、どんな仕事だろう。私が今までやったことがない仕事ですかね」

「……それをすることによって、あなたが失うものには何があると思う？」

「え？」

「それを失ってでも新しいことをする価値があるならやっても良いと思うわ。ただ、あなたはまったく失うものを考えていない」

「失うもの？」

「あなたがこれまで積み上げてきたイメージよ。それを変えることはじつはかんたんなことじゃないの。それをわかった上で染めるのなら良いと言うわ。でも、新しいことをしたら楽しいんじゃないか、面白いんじゃないか、という願望レベルだったら、おすすめしないわね」

無限大の可能性を広げる自己分析

「自己イメージ診断ワークシート」は、私がプレゼンスのカウンセリングで実際に使っているものです。これを間に置いて、60分くらいかけてディスカッションしていきます。

それでは、上段の項目から詳しく見ていきましょう。とくに重要なのは、4番目の自分の立ち振る舞いについてです。ちょっと自信がないように見えるとか、社長としてはいま

Question Topic	
1	あなたにとってイメージとはどんなものですか？
2	あなたにとってイメージはどの程度大切なものですか？
3	あなたのボディランゲージを客観的に見てどう思いますか？
4	あなたの表情・立ち振る舞いを客観的に見てどう思いますか？
5	【視覚情報】あなたの服装・靴・持ち物、髪型の改善点は何だと思いますか？ また、その理由は何ですか？
6	あなたの好きな色と苦手な色は何ですか？
7	あなたが挑戦したい色とその理由は何ですか？
8	【聴覚情報】あなたの声のトーン、話し方（言葉も含む）の改善点は何だと思いますか？　また、その理由は何ですか？
9	あなたは存在感があるほうだと思いますか？ また、その理由は何ですか？
10	あなたの行動パターン・しぐさ・癖で気づくことはありますか？
11	あなたがイメージするゴール（目指す姿・存在・自分）は何ですか？

いちとか、同性に対してはうまくできるけど異性に対してはどう振る舞って良いかわからないとか、いろいろ出てくると思います。

5番と8番の視覚情報の服装・持ち物・髪型などの改善点と理由について、最初から「ない」と答える人は、「今はイメージコーチングを受ける必要はないので、必要になりましたときにまたお越しください」と丁重に申し上げることがあります。

6番目の好きな色や苦手な色のポイントは、その理由を深掘りしていきます。

8番目の聴覚情報については、声のトーンや話し方、話すスピードなどについて自己分析してもらいます。

そして9番目の存在感はあるほうだと思う

あなた自身にあてはまる点数をつけてください。

1：とてもあてはまらない　2：あてはまらない　3：あてはまる　4：とてもあてはまる

Question Topic	
1	能力があるように見える
2	自信があるように見える
3	知的に見える
4	オープンマインドに見える
5	信頼性があるように見える
6	アプローチしやすく見える
7	ポジティブに見える
8	親近感を持たれやすいように見える
9	道徳的に間違ったことをしないように見える
10	自分を持っているように見える

か、それはなぜなのか、と10番目の行動パターン、しぐさ、癖で気づいている点はという質問の後、11番目の項目として、全体的なゴールの設定で目指す姿・存在を、自分のロールモデルとして挙げていただく流れです。

憧れの作品のキャラクターになりたいと言う人もいれば、俳優やアナウンサーなど実在の人物を挙げる人もいますが、いずれにせよ、その人物が醸し出すイメージはどんなものかという抽象化を対話によって行ないます。

自分のことをよく知っているようでも、言語化することは容易いことではありません。自己分析をすることによって、スタート地点を明確にしていきます。

続いて下段です。ここで挙げている項目は、じつはプロとして成功している人たちに共通した指標です。

どれが低くて、高いと思っているかによって、その人が目指したい理想の姿の輪郭を少しずつ太くしていくことができます。

かんたんそうに見えますが、自分の外見や印象を客観視できる人はそう多くありません。とくに日本ではその意識が希薄です。外見や行動もまわりと同調することを求められて育ってきた人が多いからです。

カウンセリングをしていると、「本当はこうなりたかった」と打ち明ける人がたくさんいます。そういう人を見るたびに、本当にもったいないと思いますし、プレゼンスを身につけることでどれだけ魅力的になるかと思うと、ワクワクして仕方ありません。

「自己イメージ診断ワークシート」を使った自己分析で、本当に驚くほど、自分でも知らなかった可能性の扉がどんどん開いていきます。その第一歩となるのが、**自分のイメージのゴールを見つけること**です。

【ステップ2】一貫性を持たせる

「あなたは失うものを考えていない――」

檜原はハッとした。プレゼンスをたんなるイメチェンのようなものと考えていた。そんな単純なものではないし、甘いものでもない。人間のイメージとは、その人が長い時間築き上げてきた財産であり、スキルのようなもの。ちょっと気分転換に〝春だから〟といった安易な気持ちで変えて良いものではないのだ。

これまで恋人と別れたり、仕事が上手くいかなかったりするたびに、気分転換のためだけに髪型やファッションを変えてきた自分の行動が、プレゼンスの視点からはいかに軽率なものであったか、檜原は大川の言葉で初めて思い知ることになった。

「確かに、これまで黒髪だった人が急に蛍光カラーの髪になったら、まわりの人は『どうしたんだ?』と思いますよね。嫌なことでもあったんじゃないかとか、だいたいはネガティブな想像を膨らませると思います」

「そうね。『ああ、何か良いことがあったから奇抜な色に染めたんだ』と思う人は少ないわね。それはさっきも言った通り、人間は本能的に変化を求めない生き物だからなの。急激な変化にはものすごく違和感を持ってしまう」

「じゃあ、イメチェンは絶対しちゃいけないってことですか?」

「そういうことではないわ。ポジティブな違和感というものもあるから。その一つが次期CEOのプレゼンスの変化よ」

「次期CEOになる人は、雰囲気ががらりと変わるからすぐわかるというアレですね」

「そう。そうした違和感は、その人が次期CEOであると周囲に認知させる効果があるから、ポジティブな違和感と言えるの。つまり、一貫性を前提とした裏技的なものね」

「なるほど。じゃあたとえば役職が変わるとか、転職して違う業界に行くとか、自分の内面や環境が変わるときはイメチェンしてもOKということですか？」

「そう。大事なのはなりたい自分とプレゼンスが同じであること。今言ったみたいに、なりたい自分そのものが変わる、あるいは変わったのであれば、プレゼンスも当然それに合わせて変えるべきよ。たとえば管理職になったのに仕事場で幼い子が着るようなフリルのワンピースのままだったら、それはちょっとどうなの、となるじゃない？」

「確かに。部下としてそんな人からは指示は受けたくないですね」

「決してイメチェンは悪いわけじゃない。でも、基本的には自分の印象には一貫性を持たせることが大切よ。それによって安心感・信頼感を届けることができるから。とくに今なりたい自分を目指してキャリアやスキルを積み上げている人は、イメチェンは慎重に考えたほうが良いわね」

「一貫性というのは、どこまでのことを言うんですか？　そういえばチイさん、オンラインミーティングのときの、スタンバイ画面の写真と普段の印象も同じですよね」

「だって会議が始まっていきなりそれまでの写真と違う人が出てきたら違和感どころか混乱するでしょ？　『誰この人？』って。基本的にポートレート写真は綺《き》麗《れい》に映るものだから、それに普段の印象を合わせるのはけっこう大変なことなのよ」

「そうですね。『写真はあんなに盛れているのに……』ってなったら、それだけで第一印象が悪くなっちゃいますね」

「大事なのは、パーティー会場なんかの人が多いところでも、すぐに見つけてもらえるかどうかね。一貫したイメージがあればそれは難しいことではないの。だけど髪の毛の色も長さも服も会うたびにいつも違っていたら、どんな姿を探せば良いか見当がつかないわよね。イメージは自分のためじゃなくて、相手のためにあるということを忘れないで」

「持続できる」ことが信頼を得るための武器になる

ここでもう一度、スティーブ・ジョブズ氏を頭に思い浮かべてみてください。スティーブ・ジョブス氏を知っている人であれば、おそらく100人中100人が黒いタートルネックとジーンズ、メガネを思い浮かべると思います。彼がパーティー会場にいたら100メートル先からでも見つけられるのではないでしょうか？

オバマ元大統領も、大事な国際会議の場ではだいたい濃いネイビーのスーツと白いシャツ、ネクタイは赤で統一していました。もしも、その日の気分でスーツやシャツ、ネクタイの色や柄をコロコロ変えていたら、国内情勢を被せて不安定なのかとコメントするメディアも出ていたかもしれません。おいそれとイメチェンできない状況だったと思います。

女性で一貫性したイメージを持っていてすごいと思ったのはイギリスのエリザベス女王です。彼女は毎回違う衣装を着ているのに、同じ人物であると見ているほうが勝手に思ってしまいます。実際、ニュースサイトで写真を検索してみると、つねに色も違うし、形も違います。彼女の一貫性は、彼女自身の品格や威厳から滲《にじ》み出ているものなのでしょう。国の要として期待されるロイヤルファミリーにはそうした一貫性がすごく大事なのだと思います。

このように、髪型も服も違うのに同じ人物だと思われるようになったらプレゼンスは一流です。もはやその人はまわりの人たちの中にしっかりと印象づけられているのですから、たくさんの人がいる会場にいてもすぐ見つけてもらえるでしょうし、何か仕事を頼みたい、このプロジェクトを任せたい、誰か適任者がいないだろうかと上司が考えたときに、**一番最初に思い浮かぶ存在**になっています。

そうなったら仕事は面白いように回り始めます。ただし、そうなるまでは**プレゼンスに一貫性を持たせること**が大事です。医者だって、一定のユニフォームだから患者は安心できるものです。**「持続できる」という一貫性こそ、信頼を得るための最大の武器**です。

【ステップ3】戦略的に準備する

広いパーティー会場で見つけられる人物になる。だけど悪目立ちしたら本末転倒だ。理想は誰もが一目置くセンスを兼ね備えていることである。

そして自分もそのイメージを自分らしいと認めているということ。どんな自分になりたいか、見られたいか。戦略的に考えなければいけないと檜原は思った。

しかし、自分がなりたい自分とはいったい何だろうか？

「ところで、あなたは好きでその色を着ているの？」

大川が唐突に質問を投げかける。檜原が着ていたのは薄いパステルピンクのカーディガンだ。この色は自分でもイメージカラーと言えるほどよく着ている。自分に一番しっくりくる色だと思って選んでいたが、あらためて聞かれると本当に好きなのか疑問に思えてきた。

「いや、なんとなく着ているんですけど」

「気づいていないだけで何か理由があるはずよ。昔からそうなの？」

「いえ。この会社に入ってからです。あ、入社した当時若い女性は私だけで、男性社員に囲まれていました。そうすると自分は必然的に女性らしくいなくてはと思っちゃって、自然とピンクの服とか小物が増えていったって感じですね」

「……」

「ピンクはダメですか？」

「女性が『ここ』にいると、社内で自己主張することは今の時代良いことだと思うわ。私が入った頃は逆で、むしろ女性であることを主張するのは負けだと考えられていたから。だからマニッシュなスタイルや、大きな肩パッドの入ったジャケットや、鮮やかな青のスーツなんかが流行っていたの。男性になんとか太刀打ちしようと必死で自己主張していたのね。でも今は違う。女性らしさが武器になることもある。だけど大事なのは、それが自分に『パワー』を与えてくれるかどうかということよ」

「『パワー』を与える？」

「ピンクを着たときに私は女性なんだと自覚して、それで仕事にフォーカスできるなら良いということ。つまり、自分の『武器』になっているかどうか、ということよ」

檜原はあらためて自分が入社したときのことを思い返していた。男性だらけの職場で、まわりからはやっと若い女の子が入社してくれた、というよろこびがひしひしと伝わってきていた。「若い女性向けのアイデアがまったく出ない。だから君を採用した」と上司から面と向かって言われもした。

だから自分が成功するには女性らしさを維持していかないといけないんだ、と勝手に思っていたのかもしれない。

しかし、それは本当に正解だったのだろうか？　今は女性社員も増えている。自分も年齢を重ねている。女性のイメージも変化している。入社した頃の〝女の子〟のイメージのままで果たして良いのだろうか？

「もしも私が、ピンクが似合う女性でありたい、それが自分のなりたい姿だと言ったら、チイさんはどう思いますか？」

「ピンクにもいろんなピンクがある。あなたがいつも選んで着ているのは、ビビットピンクではなく淡いパステルピンクが多いわよね。女の子らしい、今のあなたにとってもお似合いの色だと思うわ。だけどちょっと未来の話をするわね。そんな可愛らしい女の子に、会社は重要なポストに就いてもらって多額の給料を払いたいと思うかしら？　あなたがこの会社にいる理由は何？　女の子でいること？　やりがいのある仕事をして見合った報酬を得ること？」

ずっと檜原が抱いていた違和感はそういうことなのだ。入社したばかりの頃、確かに〝女の子〟と言われた。だから自分は〝女の子〟であろうとした。無意識にプレゼンスをその方向に向けていた。それが会社で生き残る唯一の手段だと信じていたからだ。

しかし今、ようやくわかった。自分はピンク色は好きではない。女性としては見られたいが、ピンクが似合う女の子にはなりたくない。そう思ったら自分の服や、デスクの上に置かれた小物のピンクが、急に居心地の悪い色に思えてきた。

「チイさん」
「はい」
「私、ピンクやめます」

郵 便 は が き

料金受取人払郵便

牛込局承認

9092

差出有効期限
令和7年6月
30日まで

1 6 2-8 7 9 0

東京都新宿区揚場町2-18
白宝ビル7F

フォレスト出版株式会社
愛読者カード係

フリガナ お名前	年齢　　　歳 性別（ 男・女 ）
ご住所 〒 ☎ （ ）　FAX （ ）	
ご職業	役職
ご勤務先または学校名	
Eメールアドレス メールによる新刊案内をお送り致します。ご希望されない場合は空欄のままで結構です。	

フォレスト出版　愛読者カード

ご購読ありがとうございます。今後の出版物の資料とさせていただきますので、下記の設問にお答えください。ご協力をお願い申し上げます。

●ご購入図書名　「　　　　　　　　　　」

●お買い上げ書店名「　　　　　　　　　　」書店

●お買い求めの動機は?

1. 著者が好きだから　　2. タイトルが気に入って
3. 装丁がよかったから　　4. 人にすすめられて
5. 新聞・雑誌の広告で（掲載誌誌名　　　　　　　）
6. その他（　　　　　　　　　　）

●ご購読されている新聞・雑誌・Webサイトは?

（　　　　　　　　　　）

●よく利用するSNSは?（複数回答可）

□Facebook　□X（旧Twitter）　□LINE　□その他（　　　　　）

●お読みになりたい著者、テーマ等を具体的にお聞かせください。

（　　　　　　　　　　）

●本書についてのご意見・ご感想をお聞かせください。

●ご意見・ご感想をWebサイト・広告等に掲載させていただいてもよろしいでしょうか?

□YES　□NO　□匿名であればYES

「何を持っているか？」で人は選ばれる

こんなケーススタディがあります。あなたは面接官です。目の前に入社を希望する人が3人います。皆身なりも清潔で、受け答えも完璧です。今日は最終のペーパーテストの日。それぞれの机の上には自前の筆記用具が置いてあります。

1人はシルバーで高級感のあるペン、1人は普通の鉛筆、そしてもう1人はキラキラのチャームがついたシャープペンシルです。この時点で1人を落とすとしたら誰を落としますか？

このような質問をすると、ほとんどがキラキラのチャームがついたシャープペンシルを持ってきた人を落とすと言います。外見や見た目は関係ありません。キラキラのチャームがついているシャープペンシルを使っている人は、子どもっぽくて仕事ができないという先入観があるからです。

落とされた理由に反発しても意味はありません。イメージとはそういうものだからです。こんな些細《ささい》な情報でも私たちは人を選ぶときの材料にしています。

だからこそ、自分がこうしたいと思ったら戦略的に準備していくことが大事です。檜原のようにピンク色でコーディネートするのでも構いません。しかし、明確なゴールがあって、そのためにピンクを身にまとっているのでしょうか？　ピンクにもさまざまなピンクがあります。そのピンクは、そのゴールに最短距離で辿り着けるピンクなのでしょうか？考えた末にそれが正しいと思えたら、自信を持って身につければ良いと思います。

自分は実績を出しているのに、なぜか上司が認めてくれないときがあります。それは、服装や小物があなたにとって前段階の装いになっていて、**間違ったプレゼンスが上司に伝わっている**可能性があります。

ポイントは、**少し背伸びをしたものを身につけること**です。今の自分にはちょっとこのスーツは生意気そうだなとか、このアクセサリーは大人びて見えすぎるかしらと思うくらいがちょうど良いのです。それを着こなせるようになったら、確実に次のステージに進めます。なぜかというと、それらのアイテムが、あなたをそういう人に見せてくれるからです。こんな素敵な着こなしをしている人がこのポジションにいるのはおかしいんじゃないか、とまわりが勝手に思ってくれるようになります。

オシャレだけが人を惹きつけるわけではない

この本はファションセンスを指南するのが目的ではありませんので、似合う色や服のデザインについては語りません。ただし、武器としてこういうものは戦略的に用意しておいたほうが良いということはお伝えします。

たとえばジャケットです。私は会社勤めのときは、黒色のジャケットを一着必ず会社に置いていました。いつ経営陣クラスの人に呼ばれるかわからないからです。とくに私は人事部だったので、そういう場合はだいたい社員に解雇を告げなければいけないなどの難しい話のときでした。

解雇を告げる人がペラペラのTシャツ1枚だったら相手はどう思うでしょうか？　通常の業務や打ち合わせでそこまでする必要はないと思うかもしれませんが、些細なことだからこそ、それで**相手の気を逸《そ》らすわけにはいかないという思い**は大切です。服や小物に自分のキャリアを邪魔されても良いと思う人はいないでしょう。

もう一つ用意しておくと良いのは替えのシャツです。とくに日本の夏は湿気が多く、普通に外を歩いているだけで大量の汗をかきますね。汗でビショビショのシャツのまま商談を始めたら、きっと相手は気が散ってしまうと思います。日本人は汗をかいている姿を一生懸命さだと捉えがちですが、欧米人は嘘つきだと捉えます。あんなに汗をかいて大げさだ、嘘をついているんじゃないかと、信頼度が思い切り下がってしまいます。

古来、日本人は人と会う前には身につけるものを替える文化があります。たとえば、お茶の席ではその場所まで履いて来た足袋《たび》のままでは茶室に上がりません。必ずお座敷用の足袋に履き替えます。それは**相手を不快にしないという気遣いでもあり、自分を清潔に見せたいというプレゼンス**でもあります。

そう考えたら、シャツの1枚くらいたいして荷物になりません。いつもジャケットの下はTシャツという人ならなおさらかんたんです。それだけで自分のプレゼンスを守ることができます。

身につけるアイテムには昇格試験と卒業がある

「卒業おめでとう」

大川が唐突に言い出した。

「身につけるアイテムにも昇格や卒業があるの。小学校を卒業したらランドセルは背負わないわよね？　それと一緒で、ライフステージに合わせて着る服や小物も分けるべきよ」

大川に言わせれば、リクルートスーツもそうだ。あれは社会人としての見習い期間であることを示すための制服であり、その期間が終われば自然と卒業するものである。いつまでもリクルートスーツを着ているベテラン社員はいないだろう。それぞれのポストに合う服とアイテムを身につけている。皆、自然と自分の立ち位置に合わせて服装や小物を昇格・卒業させているのだ。

「ピンク色が悪いわけじゃないし、素敵に着こなしている女性だって多いわ。だけどあなたがそれを着ようとしたのは、まわりから与えられた〝女の子〟という役割を演じようと思ったからでしょう？　そうでないと会社に入ったばかりの自分は生き残れないと思ったから。でもそういう時期はもう過ぎようとしているの。あなたは次のステージに進んで良い頃よ。そうしたら、共に過ごしてくれた服や小物は卒業するべきよね」

卒業の仕方には二通りあるという。社会ステータスに合わせて服装や小物を後から変えていくパターンと、なりたい自分を見越して先に卒業させていくパターンだ。当然より積極的なのは後者である。

「会社で昇格を決めるのは他人。じゃあどうやってそれを決めるのか。これまで話してきた通り、見た目の印象で決めることが多いのよ。仕事の実績は十分だけど一人前と呼ぶには時期尚早と思わせる人は、そういうイメージを外見から発散していることが多いわ。そうさせないためには自分から服装や小物を卒業させていくことが大事になるの。服装や小物を選ぶのは自分の自由だからね」

昇格は人がさせるもの。けれど、身につける服や小物は自分で決めるもの。
「私は次のステージに進みたいからピンクの服や小物はクローゼットの隅にでもしまおう」。

こうやって、何度も卒業を繰り返すことで人間は成長していくのだ。

未来の自分をイメージする金曜日の習慣

翌日、檜原のもとに大川からメールが送られてきた。そこには1枚のデータファイルが添付されていた。タイトルは「フライデーチェックシート」。そのシートには、月から金までの曜日と、スケジュール、イメージ、服装、アクセサリー／ネクタイ、靴／靴下、持ち物が書き込まれている。

「これは何ですか？」

カフェでランチをとっていた大川のもとに、檜原はプリントアウトしたそれを差し出して聞いた。

「見ての通りよ」

フライデーチェックシート

		MONDAY	TUESDAY	WEDNESDAY	THURSDAY	FRIDAY
スケジュール	出社					
	リモート					
イメージ						
服装	トップス					
	ボトムス					
アクセサリー／ネクタイ						
靴／靴下						
持ち物	バッグ					
	小物					

「見てわからないから聞いているんです」

大川は一瞬おやっと思った。こんなふうに自分の意見をすぐに口に出す子だったかしらと。「見てわからないから聞いているんです」という言葉だけ聞くときつい言い方のように感じるが、その言い方は決して嫌な印象ではない。

それだけ大川と檜原の間に信頼関係が芽生えた証拠だと言えるが、以前の檜原ならここまではっきりと自分の気持ちを表に出すことはなかっただろう。

「ちょっとは変わってきたかな」と大川は心の中でつぶやいた。

「1週間の仕事のスケジュールに合わせて、服装や小物など身につけるものを決めるためのシートよ。私のとある1週間のサンプル（236ページ参照）もあったでしょ？」

「はい、見ました。午前、ランチ（ミーティング）、午後、時間帯ごとに、どこで誰に会うからどんなふうに見せようとか、そこまで細かく考えて決めているんですね」

「そうよ。それを前の週の金曜日に決めるから『フライデーチェックシート』と呼んでいるの」

大川自身、これをいつからやり始めたのかは明確には覚えていない。金曜日の夜に翌週の服装決めることはいつの頃からか習慣になっていた。これをすることで毎朝着ていく服を悩まなくて良いのも効率的である。

さらに、このフライデーチェックシートの良いところは、翌週の仕事内容を俯《ふ》瞰《かん》して眺められるということだ。たとえば火曜日は大きな会議、金曜日は大事なクライアントへのプレゼンがあるとする。ではどんな服装を着て行こうかと考えると同時に、資料はちゃんと準備できているかどうかなどの心構えとリマインドにもなる。

「すごいですね。シャツとかカバンとかアクセサリーとかまで全部決めちゃうんですか」

「そうよ。だからクローゼットの中に何があるかすべて把握しているし、クリーニングやメンテナンスもそれに合わせて終わらせておくことができる。それが結果的に整理整頓やタスク管理に繋がるのよ。たかが服装されど服装ってわけね」

「わかりました。とりあえず家に帰ったら、クローゼットの中身を整理してみます。何年も着ていないタンスの肥やしがけっこう多いので」

捨てるのが「もったいない」はプレゼンスを損なう「もったいない」行動

フライデーチェックシートを始めようとすると、必ず壁となるのが着なくなった服の整理整頓です。3年以上着ていないタンスの肥やしが結構あって、これをどうすれば良いのか目の前の衣服の山を見て途方に暮れてしまう人が多くいます。

3年以上着ていない服は、着ていないなりの理由があります。まず、たんに**その服を着**

る自分を卒業してしまったからです。

たとえば家族もできて、生活スタイルも変わったのに、独身時代に愛用していたブランド服やバッグが捨てられずにいるという人が結構います。そういう人は、自分は新しいステージに進んでいるのだと認識して、潔《いさぎよ》く処分してほしいと思います。

次に、デザインが素敵だと思い衝動買いしたけれど、**いざ着てみると自分には似合わなかった**のでタンスにしまってあるだけという理由です。

これも自分で似合わないと思うのなら躊躇《ちゅうちょ》せずに処分してください。新品ならフリマアプリに出品するのも良いでしょう。服は自分のイメージを補完するためのアイテムです。服のために自分を合わせるのはナンセンスです。

そして、たんに**もったいなくて捨てられずにいる**という理由です。

もったいないからといって、穴が開くまで着倒すことが美徳だと思っている人もいますが、それは間違いです。毛玉だらけのよれよれのセーターを着ている人の印象はどうでしょうか？　倹約家で誠実な人だとは思われないと思います。服はブランドよりも清潔感が大切です。

同じようにボロボロのバッグや靴もプレゼンスを著しく損ないます。物を大事に使うのは結構ですが、お手入れを完璧にやってこそです。

一貫性があれば たまの変化もプラスに働く

サイズの合わない服ほどイメージダウンになってしまうものはありません。そのうち痩せるから……と無理をして窮屈な服を着ていては、自分も気になってパフォーマンスも出ません。いっそのこと適正サイズの服を新調しましょう。

どうしても捨てられない思い出の服は、メモリーボックスを作って保管しておくのがおすすめです。

また、どうしても花柄の服を着たい、奇抜なデザインの服やダメージ加工したパンクなファッションをしたいと言う人は、週末に着たら良いと思います。完全なプライベートの日であれば何を着ようと構いません。

仕事関係の人にたまたま出会っても、普段のイメージとかけ離れ過ぎて逆に気づかれないこともあります。私はたまに着物を着るのですがほとんど気づかれません。もし気づかれても「お着物も着られるんですね！」と好印象を相手に与えることができます。極端な例ですが、これは休日だからこそ許されることです。

つまり、**普段のスタイルに一貫性があれば、たまの変化はプラスに働く**ということです。

たとえば、米国の大統領もバケーションでよくTシャツ・半ズボン姿でマスコミに登場しますが、普段がしっかりしているから、それくらいでイメージや威厳が損なわれることはありません。むしろ、気さくなイメージを与えることをわかっているため、偶然ではなく戦略の一つとして、あのように報道陣の前に姿を現していると考えて良いでしょう。

自信をくれる パワールックを見つける

フライデーチェックシートの最終的な目的は、**自分に自信を与える「パワールック」を手に入れること**です。パワールックとは、一般的にビジネスシーンにおいてプロフェッショナルかつ自信に満ちているように見える服装のことを言います。

昔に比べてカジュアルになった今でも、男性の場合は紺のスーツに白のシャツ、センスの良いネクタイというのが定番です。いわゆる勝負服ですね。戦いに勝つための武器と捉える人もいます。

しかし私は、パワールックのことを**「武器」ではなく「味方」**と呼んでいます。ここ一番のときに**自分の味方になって気持ちを盛り上げてくれる服**です。

もちろんこれは人それぞれ違って良くて、私のパワールックはパンツスタイルです。足が長く見えるので自分に自信がつきます。昔はジャケットを羽織ることも多かったのですが、時代やＴＰＯに合わせて変えています。

パワールックと聞くと、よく目立つ派手な色の服を着たほうが良いと思う人が多いのですが、決してそうではありません。大事なのはオーディエンスを考えた上で**自分に自信が持てること**です。

そして自分のイメージを損なわないもの。ちなみに、私にとってのパワーカラーは黒とゴールドの組み合わせです。

自分のパワールックがわからないという人には、お店でたくさん試着をすることをおすすめしています。そして一緒にいる友人や家族などに見てもらうとなお良いと思います。

私も人に頼まれて買い物に同行することが多いですが、**「これだ!」という服を見つけたときは試着室から出てきた瞬間にわかります**。「似合うでしょ?」「イケてるでしょ?」という顔を自然にしていますから。本当に表情でわかります。その顔を他人に見てもらう、あるいはその顔を覚えておいてほしいのです。そのためにはたくさん服を試着して、自分に似合う一着を見つけることが大切です。

それを軸に1週間分の服や小物をリストアップしていきましょう。それがフライデーチェックシートの有効な活用方法です。

第4章

人に理解されるためのコミュニケーション

「変わった」と思われてからが本当のプレゼンス

「なんか、変わったよね」

社内は檜原の話題で持ち切りだった。「彼氏でもできたんじゃないか」「いや逆にフラれたんだ」と噂話を交わす者もいたが、それはごく一部で、ほとんどが「垢抜けた」といった好意的な声であった。

垢抜けたと言っても、地味な装いだったのが明るく華やかになったということではない。むしろ逆で、それまでピンク色やブランドロゴの目立つ派手な服だったのが、落ち着いた色や柄の服に変わった。しかし、多くの人たちの目に垢抜けたように映ったのは、大川と練りに練ったプレゼンス戦略の賜物である。

「フライデーチェックシートを使うようになって、いかに自分がTPOや相手の印象を考えずに服を選んでいたのかがわかりました。おかげでクローゼットの服やバッグをほとんど買い替えることになりましたけど。次のボーナスまで節約生活です」

「でもそのおかげで、あなたが社内で何て言われているかわかる？　部下が2、3人いてもおかしくないって。予言するわ。あなたは1年も経たないうちに、本当にそうなるって」

「私に部下？　想像つかないですけどね」

そう言って檜原は、ランチのパスタを口に入れた。冷静さを装ってはいたが内心は空に舞い上がりそうなほど嬉しかった。あの大川にお墨付きをもらったのだ。リップサービスだとしても、憧れの人から褒められるのは悪い気はしない。

それまで出世など考えたこともなかったが、そういう道が今まさに自分に開かれているのかもしれないと、少しずつ思えるようになってきていた。

コミュニケーションは「伝えること」が目的ではない

コーヒーを飲み干すと大川はこう切り出した。

「見た目のプレゼンについては十分レクチャーしたから、次はコミュニケーションのプレゼンスに移るわよ」

「コミュニケーションのプレゼンス？　どういうことですか？」

「そもそもコミュニケーションってどういうことだと思う？」

「人と人が交流すること？」

「何のために？」

「自分の気持ちを相手に伝えるため」

「はい、残念。コミュニケーションは伝えることが目的ではありません」

「じゃあ何のためですか」

「理解させることよ」

「理解させること?」

「どれだけ相手に自分のことを伝えても、正しく理解されなければ意味がない。コミュニケーションの最終目的は理解されることなの。理解されなければただ一方的に話しているのと変わらない。何となく伝わっているだけ、つまり理解されていると思い込んでいるだけなのよ」

「確かにこの人本当にわかっているのかな? と思う人もいますよね」

「だけど『わかっていますか?』と聞くわけにもいかないでしょ。聞いたからといってわかっていないと正直に答える人もそうそういないわ。皆わかっているつもりになっているのがほとんどのコミュニケーション。そんな中で自分の言っていることを本当に理解させるためのコミュニケーション術を学ぶのが、次のセッションよ」

自分が言っていることを本当に理解させるためのコニュニケーションとは、つまりより丁寧に説明するということなのだろうか？　檜原が聞くと、「そうではない」と大川は言下に否定した。

「一言で言えば、他人が理解したくなるプレゼンスを身につけるってことね。まわりにいるでしょう、その人が言うことは何か意味がありそうだと思わせる人。一方であの人が言うことはどうせたいしたことないって見下される人。両者の違いは言っている内容じゃなくて、理解したいと思わせるプレゼンスがあるかないかということなのよ」

「後者は以前の会議室での私のことですよね。それを何とかしたくてチイさんにいろいろ教わっているわけですけど……」

「その第一歩が服装や髪型、持ち物などを変えることで第一印象を変えていくというアプローチになる。それはある程度クリアしたわよね。その次のアプローチが、コミュニケーションの仕方で相手が理解したくなるような存在になるというものよ」

第一ステージをクリアして、いよいよ第二ステージに突入するというわけか。檜原は物語の主人公になったような気がした。相手が理解したくなる存在感を身につけるためのコミュニケーション術とは、まったく想像がつかないが、それを身につけたとき自分はどのように成長しているだろうか？

エネルギーレベルを高める表情

重要なコミュニケーションツールでありながら、とくに日本人がないがしろにしがちなのが**「ボディランゲージ」**です。日本人からしてみると外国人は身振り手振りが大袈裟だと感じますが、それだけコミュニケーションに重要な要素だと認識している証拠です。私はむしろ**日本人のボディランゲージは小さすぎる**と思います。

とはいえ、オーバーなリアクションをしろというのではありません。もっと意識を向けるべきだという意味です。たとえば、目線も立派なボディーランゲージの一つです。プレゼンの最後に「ぜひ弊社（私）にお任せください」と俯《うつむ》きながら言うのと、**相手の目をしっかり見て言う**のとでは相手の印象は大きく変わります。それはさりげないくらいがちょうど良いのです。ぜひ鏡を見ながらやってみてください。

また、目線と同じくらい口元も重要です。とくに**口角が上がっているかどうか**です。口角が下がっていると不機嫌そうな顔になります。これでは、本書の冒頭でもお伝えした「エネルギーレベル」が低く見られてしまいます。

エネルギーレベルの低い人に重要な仕事を頼もうとは思いません。口角を上げるためには、表情筋をずっと上げ続けることで鍛えることができます。私は3時間以上、口角を上げ続けても平気です。

ほかにも、ネガティブな印象を与えてしまうのが、首を斜めに傾けて相手の話を聞く姿勢です。学園ドラマで不良生徒が教師に反抗的な態度をとるシーンを思い出してみてください。だいたいこのような姿勢を取っています。

つまり「あなたの話を聞く耳は持たない」という否定の意思表示に見えるということで

す。どんなに疲れていても、相手の話がつまらなくても、**首はまっすぐにして、相手に対して顔を正面に向けて向き合う**ようにしてください。

表情はいつもポジティブでいることが重要です。とくに上司がしかめっ面だと、その場にいる部下全員のエネルギーレベルを下げてしまいます。グループの生産性を上げたいと思ったら、まずリーダーが前向きな表情でいるようにしましょう。

そのボディランゲージは自己イメージに合っているか？

意思伝達にも表情は重要な役割を担います。たとえば、何か注意するときや良くない報告をしなければならないとき、**表情もその状況に合ったものでないと相手に正しく伝わりません。**

部下に建設的なフィードバックをする際に「これはあまり良くないよね。ダメだよ。ははは」と笑って言っても、相手の心には残りませんし、また同じ過ちを繰り返すでしょう。

このようなときは**話の内容に合わせ、眉をひそめるなどのボディランゲージ**が必要です。逆に、褒めるときは満面の笑顔で行ないます。**表情にもＴＰＯがある**ということです。

さらに、**自己イメージに合ったボディランゲージ**も工夫する必要があります。たとえば、力強さを表現したければプレゼンテーションのときに身振り手振りを加えるなど、さまざまなやり方があります。

もし自分が打ち出したいイメージとボディランゲージが合っていなければ、プレゼンスは正しく発揮されません。なぜなら、視覚情報として一致しないからです。ボディランゲージは無意識に出ることが多いものです。動画を撮るなどして、自分がどのようなボディランゲージを用いているのか、それが自己イメージに合っているのかを一度チェックしてみると良いでしょう。

コミュニケーションの部分で自分のパフォーマンスを十分に発揮できない人は多くいます。対人関係は相手ありきなので難しい部分がありますが、結局は自分次第です。なぜなら**どんなに頑張っても他人を変えることはできない**からです。理不尽な上司が急に良い人になることは奇跡でも起きない限り無理ですよね。

しかし、自分を変えることは今日からでもできます。人間関係は相互作用、お互いに影響し合うものですから、**自分が変われば相手の態度も変わる**可能性があります。

世界を変えたければ自分が変われば良いと思います。プレゼンスの存在を知り、それを味方につけることができれば、誰にでもかんたんにできます。

チャンスは叱られるときにも潜んでいる

もちろん誰にでも上手くいかないことやミスはあります。それを指摘されると、日本人は「すみません」とすぐ謝りますが、プロでありたいと思うのならば、**安易に謝ることは絶対にやめてください**。なぜなら、自分のプレゼンスを極端に下げてしまうからです。大きな失敗でなければ、誠実な態度と表情で「失礼しました」、あるいは「ご指摘ありがとうございました」くらいで丁度良いと考えましょう。

ニューヨーク勤務時代の上司で、叱られ方が非常に上手な人がいました。彼女は叱られているのに、いつも涼しい顔をしてフィードバックを受けていました。あるとき、私のミスで重要な報告書の数字が間違っていたことがあり、ＣＥＯも出席するような会議で厳しく糾弾されました。

私は恐縮してしまって上司である彼女の隣で縮こまっていたのですが、彼女は椅子の背もたれに悠々ともたれかかり、さらに足を組んだのです。叱っている相手の目を正面から見据えて、ドンと来い、何でも話を聞こうじゃないかという態度でした。

そして、落ち着いた口調でこう言いました。「ではこの数字を正しく直して、新しい報告書をメールで送るということでよろしいですね？」。すると相手はこう言いました。「ほかの数字が間違っている可能性もあるだろう？」。それに対しても「大丈夫ですよ、もちろんほかの数字も見直しますから」とまったく動じません。それどころか、「今日の午後までに送れば良いですね。じゃあ次の議題に移りましょう」とその場を仕切ってしまったのです。こうなると相手は何も言えません。

怒られて存在感を下げるどころか、一目置かれる存在に自分を高めてしまいました。見事というほかありません。

プレゼンス上級者は「謝らない謝り方」で許される

「謝る」というのは、プレゼンス的にはとてもリスクの高い行為です。たとえばプレゼンの場でつい話が長くなってしまい、相手から「そんなことはわかっているから早く結論を言ってくれ」と冷たく言われたとします。そこで「申し訳ございません」と素直に謝ってしまったら、あなたはミスを認めたことになり、その場での影響力は非常に低くなってしまいます。

プレゼンスの低い人の話を積極的に聞こうという人はいません。だから**なるべく謝らず、回避**するようにします。もしも話が長いと指摘されたら、「これから良いところですから」「そうですね、ちょうど良い頃だと思いますので、本題に入りましょう」とポジティブに切り返します。こう言えば話が長いことはあなたのミスにはなりません。あくまでも想定内のことにしてしまいます。上手くいけばこのスマートな切り返しに、相手は一目置いてくれるかもしれません。

そもそも「すみません」と謝るのは相手に許しを乞う行為です。それは相手にとってはどうでも良いことで、謝る側のたんなる自己満足です。それより一秒でも早くミスを修正し、正しい情報を伝えてあげることのほうがよほど相手に対して誠実です。

それでも、大事な会議に遅れて大勢の人を待たせてしまったら、謝りたくなるのが人情でしょう。そういうときには平謝りするのではなく、**「お待たせしました」の一言**で良いのです。卑屈になって謝るより、颯爽と部屋に入って「お待たせしました。では始めましょう」と悪びれずに言うほうが、相手も「怒り」というネガティブな感情がそがれるので、その場の空気にプラスに働きます。

さらに「ここまで悪びれていないということは、何か特別な理由があったのだろう」と相手が勝手に理解してくれます。これぞプレゼンスの真骨頂です。前述した上司のようなプレゼンスの上級者ともなると、ミスを逆手にとって自分の存在感を高める離れ技もやってのけます。

閉鎖的に見えてしまう何気ないしぐさ

大川が教えてくれた「伏し目がちにプレゼンする」「すぐに謝る」などのバッドコミュニケーションに、すべて心当たりがあると檜原は思った。ありすぎて自分のことを言われているのではないかと顔が赤くなったほどだ。それが態度にも現れていることを、大川に指摘された。


「眉間のシワ、腕組み、貧乏ゆすり。それ全部やめなさい」

「すみません。私集中すると、無意識にこうなっちゃうんです」

「『すみません』、もね」

「はい、すみま……あっ」

「以前、私が講演会で登壇したとき、目の前にすごく怖そうな人が座っていたの。その人は私の話の最中ずっと眉間にシワを寄せて、腕組みをして、貧乏ゆすりをしながら聞いているわけ。何か気に入らないことでもあるのかしら？　気に触ることでも言ってしまったかしら？　と、講演中ずっと気が気じゃなかったの。講演が終わると、その人が私めがけてまっしぐらに歩いてくるじゃない。やっぱり怒っているんだ、叱られる！　と思ったら、握手を求めてきて『素晴らしいお話でした！　感動しました！』って。真剣に聴きすぎてしかめっ面になっていたのね。紛《まぎ》らわしいったらありゃしないわ。その人に、今のあなたそっくりよ」

「あ……」

「そういう閉鎖的に見える態度やしぐさは、オープンマインドを阻害してしまう。オープンマインドでない人だという印象はコミュニケーションをとる上で非常に不利よ。だから意識してやらないようにすること。わかった？」

「はい！」

「……だから、眉間のシワ！」

理解されるにはオープンマインドであること

コミュニケーションの基本は**「オープンマインド」**であることだと思っています。会議でも、心を開いて本音で話し合ってこそ、建設的な意見や考えが生まれます。

では、どうすればオープンマインドでコミュニケーションをとることができるのでしょうか？　その前に、**自分自身がオープンマインドになっているか**どうか確認してみてください。前述の通り、心を開いているつもりでも、無意識にしているしぐさが閉鎖的に見えている人が案外多くいます。

オープンマインドであることを表現するしぐさで一番有効なのはやはり「表情」です。とくに重要なのは、**顔に占める面積が非常に大きい口まわり**です。コロナ禍でマスク生活を強いられた際に意思疎通がとれず苦労した人は多いでしょう。それは口角の動きが見えなかったからです。

マスクをしていると、笑っていても怒っていても同じ顔に見えてしまいます。逆に言えば、口角さえ上げておけば、勝手に微笑んでいる顔に見えるものです。どちらがオープンマインドに見えるかは言うまでもないでしょう。**心は下がり気味でも、口角はつねに上向きに、**そうすればまわりに自然と人が集まってきます。

ちなみに、仕事に集中したいとか考え事をしたいとき、あるいは本当に気分が落ちていて話しかけてほしくないときは、**〝今は話しかけないで〟というサイン**を出します。私は小さなマスコット人形をデスクに用意して、それを人が見えるところに置くようにしていました。その意味は事前にまわりの人に伝えてあるので、これが出ていると「あ、今は話しかけないでほしいんだな」と適度に距離を置いてくれます。顔に出して精神的なバリアーを張り巡らせるより、よほどスマートで効果的です。

好感度を下げないポーカーフェイス

つねに口角を上げて、閉鎖的な態度やしぐさを出さないようにする。実際にやってみると意外と難しいことに檜原は気づいた。


「うーん、こんな感じですか？」

「笑いすぎ。詐欺師が悪だくみしているような顔よ」

「じゃあ、こう？」

「何かつらいことがあったのを必死で取り繕っているように見える」

「どうすればいいんですか！」

「日本人は昔からむやみに笑うことを失礼だと捉える風潮や文化があるから笑顔が下手よね」

「むしろ笑わないラグビー選手がカッコイイって言われるくらいですから」

「あなたのその不器用な笑顔を見ていると、そもそも私がイメージしている表情とあなたのイメージしている表情はかなり違うということに今さらながら気づいたわ」

「どういうことですか？」

「私が理想としているのは『ポーカーフェイス』よ」

「ポーカーフェイスって無表情な顔ってことですよ？　何を考えているかわからない、ネガティブな印象を持ちますけど」

「私が言っているのは、好感度を下げないポーカーフェイスのこと。アスリートが集中しているときの顔と言ったら伝わるかしら」

「アスリートが集中しているとき……。最近ではゾーンに入るとか言いますよね。そういうときの顔って、あ、確かに無表情だ。でも嫌な感じはしないですね」

「そう、その顔のときってとてもニュートラルな状態なの。それって表情としてはすごく安定感がある。この人は怒っているのかな？　それとも悪だくみをしているのかな？　とも思わせない。つまり違和感を抱かせないという点では究極の表情と言えるわね」

Poker Face

「ポーカーフェイスか……。ほら、これはどうですか？」
「今度は能面のように見えるわ……」

一流の人こそ不機嫌な顔は許されない

一流のアスリートはつねに大勢の人に見られています。自分の態度がまわりに与える影響力をよくわかっているので、競技を離れた場面でもプレゼンスを意識した表情をしていると私は見てとります。

ビジネスパーソンでも同じことが言えます。たとえば、エグゼクティブも大勢の人に見られる存在です。部下だけでなく、上層部や取引先、投資家、顧客など、社内外のさまざまな視線につねに晒《さら》されています。責任のある立場に立つとはそういうことです。

だから**一流になればなるほど不機嫌な顔は許されません**。もしも上司がオフィスに入ってきたとき、不機嫌な顔をしていたら部下全員の士気が下がります。自分がリーダーであると自認しているのなら、**いつも見られているという緊張感**が必要です。

スマホに夢中になっている表情もいただけません。人はスマホを見ているときは無防備になります。無防備ということは緊張感がないように見られてもおかしくありません。

したがって、私がコーチをしているエグゼクティブには、朝オフィスに入るときは、スマホを手に持たないようにお伝えしています。手に持っていると、通知が来たときにどうしても気になってしまいますし、画面を見ていなくてもスマホを持って歩いているとすごく忙しそうに見られてしまいます。

エグゼクティブがあくせく働いている姿はプレゼンス的にはマイナスです。忙しそうだと部下が話しかけづらくなるからです。心中**どんなに不機嫌でも、焦っていても、それを顔や態度に表してはいけません**。

それが難しいときはシェルターに避難してください。トイレでも良いですし、外のカフェにコーヒーを飲みに行くのでも良いのです。リフレッシュしてからオフィスに戻りましょう。そこまでする必要があるのかと問われれば、もちろん答えはＹＥＳです。あなたが一流のビジネスパーソンになりたいのであれば、不機嫌な顔を表に出すことは絶対に許されません。

立ち方や歩き方よりも自分に似合う座り方

それにしてもなぜ大川はここまで檜原のことを気にかけ、時間を割いてくれているのだろう？　いつも悠々としているが、本当はものすごく忙しい人のはずだ。その証拠に檜原がいつもより早く出社しても、大川はもうすでに仕事を始めているし、退社するときにもまだ仕事が終わる気配がない。

それでいて口角が下がっている不機嫌そうな顔を見たことがない。つねにプレゼンスの極意を実践している。

「じゃあ、表情の次に大事なことを教えるわね。オフィスで他人を見るとき、服装や表情、しぐさの次に注目するのはどこだと思う？」

「話し方とか？」

「座り方よ」

「立ち方とか歩き方とかではなくてですか？」

「今、私はどうしてる？」

「座ってます」

「この状態でどれくらいの時間を今あなたと過ごしている？」

「……あ！」

「そう。会社では立っているより座っている時間のほうが長いのよ」

「確かに」

「つまりそれだけ見られる機会が多いということよ。先日ある海外の有名エグゼクティブがインタビューを受けていたのをテレビで見たけど、それは見事な座り方だったわ。足を組んで背もたれにゆったりと体を預けて、いかにも自信と余裕のある雰囲気を醸し出していた。こういう人がいる会社なら誰もが安心できると思うんじゃないかしら」

「私はどう座るべきでしょうか？　立場やＴＰＯもあると思うんです。目上の方と話すときに偉そうにふんぞり返っていては、失礼に当たるのではないでしょうか？」

「確かに状況によるわね。ただし、なるべく自分を大きく見せることを心がけて。以前話した〝叱られ上手〟な上司のように、叱られているときほど大きく見せたほうが良いわ。なぜなら、小さく見せると相手の攻撃本能をより刺激してしまうから。相手が謝れば謝るほど怒りが増す人っているでしょう？　そういうときは、その人のほうに体の正面を向けて、しっかりと目を向けて話を聞くこと。受け止めるという意思を視覚情報としてはっきり示すのがポイントよ」

「叱られているときにそこまで考えられるかな……」

ＴＰＯに合った座り方で印象は変えられる

まず、基本的な椅子の座り方です。軽く足を組んだり、膝をリラックスさせます。膝がピシッと揃っていると、かしこまって映ってしまいます。背中は軽く背もたれにつけ、浅く腰掛けたりはしません。背中が丸まって横から見たときに「Ｃ」の字にならないように気をつけましょう。

服装も大事で、女性であれば目上の人と対峙するときにはパンツルックがおすすめです。男性は脛毛《すねげ》が見えないようソックスなどの長さにも気をつけましょう。ソックスの柄や色にも要注意です。

意外と大事なのが手の置き場所です。会議など机がある場合は、机の上に手が出ているほうが自然体に見えますし存在感も出ます。若い社員や女性は腿《もも》の上に置いて、かしこまって座りがちですが、**片手でも良いので机の上に出す**ようにしましょう。手持ちぶさたならペンを持つなど工夫するのも良いでしょう。

さらに、座っていても**話者のほうに体を向けること**が印象を良くするポイントです。これは、〝あなたの話を聞いていますよ〟というメッセージになるからです。

良くないと思われがちですが、**机に肘《ひじ》をついて身を乗り出して聞く**のもじつは良い座り方です。熱心さをアピールできます。とくに目上の人が目下の人の話を聞くときは積極的にそのような姿勢を取るべきです。目下の人は目上の人の前に立つと緊張してしまいますから、その緊張を解きほぐすには、しっかり話を聞いているというメッセージを態度で示すのが一番です。

座る位置も大切です。会議やセミナーのときは、なるべく前の席に座りましょう。自分は**その場に積極的にかかわりたいという意思表示になる**からです。わざわざ遠慮して後ろに座る人がいますが、それはやる気がないことを視覚情報として発信してしまう可能性があります。

喫茶店などのテーブル席で打ち合わせや商談をするときには、**真正面ではなく対角線上の椅子に座る**と、相手に圧迫感を与えずに済みますし、体を斜めに見せることになるのでスマートな印象になります。２人がけの席でどうしても向き合わなければならない場合でも、ほんの少し椅子をずらすだけで効果があります。

立ち方一つで威厳はつくれる

会議やプレゼンなどで、その場の雰囲気がたるんできたなと思ったら、自分の発言のときにすっと立ち上がってみるのも効果的です。それまで座っていた人が急に立ち上がるのですから、「おや、何かあるのかな？」と新しいことを期待させ、注目を集めます。そこでおもむろに話し始めていきます。

また、立ち位置によって存在感を示すという方法もあります。たとえば、部下や後輩に仕事について指導するときに、近頃は威圧的にならないよう横に並んでフレンドリーに教えると言う人が多いのですが、私はいかがなものかと思います。

あくまでも２人の関係は教える人と教わる人であって、友達である必要はありません。むしろ友達だと錯覚してしまうことで教わる側は緊張感の欠けた態度になってしまう可能性があります。**ある程度の上下関係を示すこと**は必要です。それはマウントを取るということではなく、学習効率の問題です。友達に教わるのと尊敬する先生に教わるのとでは、どちらが真剣になるでしょうか？　**教える側には一定の威厳があったほうが良い**と思います。

とはいえ、いきなり一方的に教鞭《きょうべん》を執るわけにはいきません。最近は部下が自分よりも年上という関係も多くあります。私個人としてはキャリアに年齢はまったく関係ないと思いますが、日本ではまだまだ年功序列の風習が残っているので、年下の上司が年上の部下に教えたり注意したりするのは気が引けると言う人も多くいます。

そんなとき、どうすればさりげなく威厳を印象づけることができるのかというと、**「教わる側が座り、教える側が立つ」**というものです。それだけで、上下関係を視覚情報として発信することができます。相手が立っていたら座ってもらい、自分は椅子が空いていても座りません。「どうぞ座ってください」と言われたら「このほうがやりやすいので」と言えば納得されます。このときのポイントは、**好感度のある表情で高圧的な印象を感じさせない**ようにすることです。

プレゼンスを味方につける

その日の帰り道、檜原は電車の窓に映る自分の姿を見るともなしに眺めながら、考え込んでいた。大川から教わった表情や座り方、立ち方といったボディランゲージで相手に自分を印象づけるテクニックの数々。どれも目から鱗で、身につけたらどれだけ心強いかと思ったのと同時に、これまでそうした事実があることにすら気づいていなかった自分に焦りを感じた。知らないでいる間、自分はどれだけ損をしてきたのだろうか?

たとえば、会議で発言をないがしろにされたこと、上司からパワハラまがいな態度を取られたこと。もしも自分のプレゼンスがしっかりしていれば、そうした不快な状況から距離を置けていたかもしれない。

プレゼンスの力を知る人間と知らない人間の差は、これからもどんどん大きくなっていくのだろう。しかし今、檜原は知る側の人間となった。ランチの後、オフィスに戻る道すがら大川はこう言っていた。

「プレゼンスを学ぶことは誰にでもできる。大事なのは味方につけること。味方につけるためには実践するしかない。でも大丈夫。私が教えてできなかった人はこれまでいないから。しかも一度味方につければ自転車に乗れるようになるのと同じで一生ものよ」

檜原は大川に食らいついていこうとあらためて決心した。絶対自分は変わってみせる。選ばれる人間になるのだ。

第5章

プレゼンスを味方につけるための習慣

オンライン画面での存在感のつくり方

大川のプライベートコーチを受けるようになって、檜原の世界観は大きく変わった。それまで常識だと思っていたことがそうではないと気づくことが増えたのだ。

たとえば「人間は見かけじゃない」ということである。でも本当は「人間の見かけはコミュニケーションの一部」というのが真実で、欧米諸国のビジネスパーソンはそこにいち早く気づいたからこそ、ビジネスの世界をリードできているのだろう。

そうした新常識をいかにキャッチアップするかが成功する鍵である。そんなことを思うようになった檜原は、着実に自分が成長していることを実感していた。

今日はコロナ禍以降に定着した週２回のリモート勤務日。そしてオンライン会議がある。議題は社員が企画を持ち寄り上司にプレゼンするというもの。選ばれたプロジェクトの提案者がリーダーとなる。檜原にとっては大川からの学びを実践する絶好のチャンスでもあった。

「オンラインの会議では画面を通じていかに自分の『存在感』を示せるかで成否が決まる極めてプレゼンス依存の高いコミュニケーションよ。まず大事なのはスタンバイ画面。自分の写真を使っているなら、実際の自分の顔となるべく近づけるようにして。イメージが違うとなぜ良くないかは、言わなくてもわかるわよね」

「はい。オンラインのときでも、相手の視界に入ったときからコミュニケーションは始まっているからです」

「そう。次に大事なのは、画面に映る自分のバランスよ。理想は拳一つ分くらい頭の上に空白があること。狭すぎても広すぎてもいけないわ」

そう言って大川は自分の頭に拳を置いて示して見せた。

「そしてまっすぐ正面を向くこと。自分が発言していないときも顔は映っているから、つねに口角を少しだけ上げる究極のポーカーフェイスでいること。会議が終わるまでキープしてね」

相手を不快にさせない環境を整える

大川によれば画面背景のセレクトも重要だ。基本は相手の注意を散漫にさせないこと。服の柄や色と同じで、背景もシンプルが一番だ。大川は白い無地の壁を背景にしていた。そこにシンプルなリトグラフがさりげなくかかっていて、完璧な背景と言える。

一方、檜原の背景は合成写真で海をバックにヤシの木が風になびいている。

「そんなリゾート感満載の背景、仕事をする気がなくなるから変えてちょうだい。ところであなた、LEDリングライトは持っている？」

「持ってないです」

「すぐに買いなさい。できれば二つ、違う角度から当てて影ができないようにね」

「部屋の窓から自然光が入るからいらないと思うのですが」

「自然光の入り方は季節や時間帯によって違うから変化が大きいわ。オンラインでの映り方も変化が少ないほうが信頼を得やすい。ここでも一貫性が大事なの。だから私は昼でも窓のシェードを閉めてライトで照らすようにしてる。しかも、夜に会議があったらどうするの？　蛍光灯に照らされる顔はお化けみたいよ」

「……言われてみればそうですね。蛍光灯の光に照らされると顔色が悪く見えます。それと、目線はどうすればいいですか？」

「カメラ目線が基本。私は相手の顔が映るモニター画面をカメラの真下に来るようにしているわ。そうするといつでもカメラを見ているように相手には映るから」

「たまに全然関係ないほうを向いたり、視線が泳いだりしている人がいますけど、話を聞いているのか不安に思いますよね。気をつけます」

「音にも注意が必要よ。オンライン会議ツールは音を敏感にキャッチするから、思っている以上に耳障りに聞こえる。カフェのようなまわりに人が大勢いるような場所ではオンライ会議に参加しないこと。雑音の不快さが、あなたのイメージとして刷り込まれてしまうことをくれぐれも忘れないように」

「オンライン会議のほうが気を抜けなくて大変ですね」

オンラインでは足し算より引き算

オンライン会議においては、リアル会議とは異なるプレゼンスが求められることを念頭においてください。**キーワードは引き算です。**

たとえば、身振り手振りです。これはリアルの場面とは違って少ないほうが効果的です。むしろ大きくしたほうが良いとアドバイスする人もいますが、私はおすすめしません。オンライン会議では**画面の情報がすべて目に飛び込んでしまう**ので、誰かの手が画面上で動きすぎると気が散って話に集中しづらくなってしまうからです。

同じ理由で体が揺れるのも良くありません。最近は立ってデスクワークやオンライン会議に参加する人もいますが、その際も**しっかりと足を広げて安定した姿勢を取ること**が重要です。

あいづちも同様でやりすぎは逆効果です。オンライン会議のモニターは全員の顔が並んで映るので、とくに目立ちます。**本当に共感したときにだけ、自然にうなずく**程度に留めましょう。

一方、表情は普段より豊かにしてください。豊かな表情は相手の関心を惹きつけ、言葉を補ってくれます。とくに**口を大きめに開けて話す**ことで、元気で活動的な印象を与えることができます。

オンライン会議中、お通夜のような浮かない顔をしている人たちを見かけます。だからこそその中で明るい表情をキープすることで、自分のプレゼンスを高めることができるというわけです。

対面しなくてもエンゲージメントは高められる

最近、「エンゲージメント」という言葉が流行しています。「エンゲージメント」とは、個人や集団が特定の活動、仕事、ブランド、社会的な問題などに対して示す関心、参加、献身の度合いを意味する言葉で、会社においては主に従業員が仕事に対して情熱を持ち、経営に積極的に参加する姿勢を表しています。

エンゲージメントが高いということは、すなわちその**組織やプロジェクトなどに対して**

高いモチベーション、忠誠心があるということになります。もしもあなたがリーダーなら、チームのエンゲージメントを高めたいと思うでしょう。

オンラインだと会議に対するエンゲージメントが高められないと心配する人がいますが、そんなことはありません。オンライン会議でも十分エンゲージメントを高めることができます。その際に鍵となるのが**リーダーのエネルギーレベル**です。対面でない分、いつも以上にエネルギーの出力レベルを上げるようにしましょう。

それはオンライン会議の冒頭から求められます。皆が集まって「おはようございます」と挨拶している場面でリーダーのテンションが低かったら、その会議は盛り上がらないこと間違いなしです。とくにオンラインでは全員の顔がアップに映るので、わずかなエネルギーレベルの低下も敏感に察知されてしまいます。

私は、オンライン会議の前には口角を上げる練習をして、「よし、いこう」と気合を入れてから入室ボタンを押します。**100%の笑顔で「おはよう!」と言うため**です。それだけでその会議のエンゲージメントを高められます。体調が悪くてどうしてもエネルギーレベルを上げられないときは、画面オフで参加することを許可してもらうこともあります。

声だけでも１００％の状態にするほうが、浮かない顔を晒して参加しているより、よほどエンゲージメント維持に効果的です。

一方通行になりがちなオンライン会議は、誰かがプレゼンスを発揮して上手く交通整理し、**その場のエンゲージメントを高めること**が重要です。それを誰がするべきか？ 答えはここに書くまでもないと思います。

鏡の中の自分を売り込めるか？

オンラインプレゼンの首尾は上々だった。檜原の提案が見事採用され、新規プロジェクトのリーダーに任命されたのだ。

勝負は最初に全員の顔がマルチ画面で映し出された瞬間に決まったと言える。７人ほどいた参加者の中でジャケットを羽織っていたのは上司と檜原だけだった。

直前に檜原は自分の姿を鏡で見ていた。これは大川のレッスンを受けるようになってから始めた仕事前の儀式だ。

「ここに映っている自分を売り込むことができるか？」

そう自問自答しながら全身をチェックする。この日は真夏日ということもあり、ラフなTシャツ姿だった。社内の会議であったしそれでも問題はなかった。

しかし、檜原は紺色のジャケットを羽織ることにした。社内であろうとどこであろうと、この格好では自信を持って自分を売り込めないと思ったからだ。それが功を奏した。

檜原は、上司と自分だけがジャケットを羽織っていることに対して、画面越しに同僚たちの目が瞬時に動揺したのを見逃さなかった。そのうちの1人から「私もジャケットを着れば良かった」と打ち明けられるのは翌日のことである。

習慣化の鍵はわずか6週間

偶然だが、オンラインプレゼンが行なわれたのは、あの運命の日からちょうど6週間が過ぎた頃だった。何をやっても認められない、存在感のない自分を変えたいと泣いた姿を大川に見られたあの日だ。

あれから大川の「存在感」を磨くためのレッスンが始まり、檜原は多くのことを学び、そして変わった。6週間の努力が新規プロジェクトのリーダーを任されるという大役として実を結ぼうとしていた。

「『6週間』という数字が大事なのよ」

いつものカフェで、大川は唐突に話を切り出した。

「プレゼンスを磨くことは、ジョギングや筋力トレーニングと一緒。最初はつらいと思っても、6週間続ければ逆にやらないと気持ちが悪くなる。歯磨きもそうでしょ？　忘れることはないし、もはや面倒とも思わない。それをするのが当たり前だと思っているからよ。プレゼンスもそれと同じ。習慣化したら、プレゼンスを意識して磨き続けることが当たり前になる。どう、フライデーチェックシートは続けてる？」

「はい。毎週金曜日には翌週の予定と照らし合わせて着る服を決めています」

「とてもいいわね。これからも続けること。すでにあなたは変わったわ。まわりの人間もそれを敏感に察知している。もうすぐあなたのまわりの環境も変わり始めるわよ」

「好かれる人」と「支持される人」の違い

まわりの人間も変化を敏感に察知している。確かにそれは檜原も薄々実感していた。些細なことにもその影響が出ていると感じることがある。

たとえば、「雑用」を振られなくなったことだ。「檜原ちゃん、よろしく」と頼まれると嫌とは言えない性格であったし、まわりから好かれている証拠だと思い込んでいた。

「今までの私、誰がやっても良いようなことをよく頼まれていたんです。でもそれって『好かれている』からだと思っていて、そんな自分でもいいかなって思っていました」

「ありえないわ。雑用を押しつけられていただけって今ならわかるでしょ？　決してあなたじゃないといけないから選ばれていたわけじゃないのよ。『好かれる』と『支持される』をはき違えてはダメよ」

「『好かれる』と『支持される』の違いですか？　同じように感じますけど」

「いいえ。好かれている人間のまわりにはたくさん人が集まるかもしれないけれど、ただそれだけ。大事な場面でほとんど主張が通ることもないし、責任のある仕事を任されることもない。６週間前までのあなたみたいにね」

今の檜原は違う。雑用ではなく仕事の依頼が来るようになった。雑用に割かれる時間が減ったため、以前より仕事にリソースを傾けられるようになって結果も出るようになった。

結果が出れば信頼感も上がる。檜原に任せておけば大丈夫と思われるから、ますます仕事の依頼が舞い込むようになった。

支持し合える仲間がいるからこそ仕事はうまくいく

「確かに、良い人で皆から好かれていても、仕事はできない人っていますよね。ミスが多くて、でも良い人だから憎めないっていう。でもその人が大きな仕事を任されているところ、見たことないです」

「そうね。少しくらい距離を置かれたって、あの人になら信頼して仕事を任せられるって思われるのとどっちが良いかしら？」

どちらが優秀な人材かは語るまでもない。ビジネスにおいては好かれることよりも支持されることのほうが重要だ。会社は学校ではない。仲良しグループは必要ではないが、支持し合える仲間は必要だ。仕事ができると思われれば、結果的にまわりに人が集まってくる。檜原はここ数日ひしひしと実感していた。

6週間でこうも成長できる。これを数ヶ月、数年続ければ、自分はどこまで成長することができるのだろう。人に選ばれるということは、こんなにもワクワクすることなのだと、檜原は思った。

大川に「プレゼンス」という魔法をかけてもらったおかげで、今の檜原の目には先を行った同僚たちの背中がようやく見えてきた。彼らはやはりプレゼンスが高かったのだと今ならよくわかる。雑用を任されて「自分は好かれている」と浮かれていたかつての自分を叱ってやりたい。

好かれる人ではなく支持される人として、人生をリスタートしていくと心に固く誓った。

信頼感を阻害するほどの腰の低さ

「好かれる」ことが必ずしも良いことではないのと同じように、「腰が低い」のもときにネガティブな印象を相手に与えます。たとえば「髪型を変えたんですね、よくお似合いですよ」と言われたら、あなたはどう返しますか？　とくに日本人の場合、「そんなことないですよ」と謙遜《けんそん》して言うのではないでしょうか？

なぜ相手が認めているのに否定するのでしょうか？　日本人特有の謙遜文化は海外ではまったく理解されません。欧米、中華圏もそうですが、**他人から褒められたらまず「ありがとう」と返します**。プレゼンス的に正しいのはこちらです。

もう一つ、海外から日本に帰ったときにいつも嫌だなと思うのは、他人が自分のパートナーを褒めているのに、それに対して「とんでもない」とか「うちのは愚妻ですから」とか、自分のパートナーを蔑《さげす》む文化です。

さすがに若い人の間では減っていると感じますが、年配の方の中にはそれが大人のたしなみだと思っている人がまだいらっしゃいます。これはぜひやめてほしいと思います。好きだから結婚したのでしょう。ぜひ**他人の前でパートナーを褒めてほしいのです**。そうすればパートナーを大切にする人だとまわりから思われ、自然とプレゼンスも上がります。

話がそれましたが、つまり言いたいのは、**つねに自信を持って受け答えしてほしい**ということです。同じ仕事を頼むのであれば、誰だって自信がありそうな人に頼みます。逆に自信がなさそうな人には頼みません。能力はあるのに腰が低すぎるせいで、責任のある仕事を任せられない人が案外多くいます。

謙遜するなら自信満々で

とはいえ、日本の企業文化の中にいる人が、褒め言葉に感謝の言葉で返すのはハードルが高いかもしれません。そういう場合は、**言葉と態度を裏腹にする**のがおすすめです。素敵なスーツですねと褒められたら**「そんなことないですよ」と謙遜の言葉を発しつつ、自信満々の態度**を示します。

メラビアンの法則によれば、人間は認識の約6割を視覚情報、約3割を聴覚情報に頼っているので、自信がある人という印象のほうを相手に強く残すことができます。

　これは逆に言えば、どんなに言葉で自信があると伝えても、見た目や声のトーンなどが伴わなければそうは感じてもらえないということです。スタートアップの人によくする話ですが、１００万円の投資をしてもらう人の態度では、１億円の投資は引き出せません。１億円の投資を受けたいと決めたら、それに相応しい雰囲気を醸し出す必要があります。

　背伸びをするのではありません。しっかり事業戦略を練り、プレゼン資料も準備して、心の底から**自分は１億円の投資を受ける価値があると思う**ことが大事です。その自信を持てなかったら、そのレベルには到達していないという証拠です。

　日本ではよく〝年齢相応に〟と言われがちですが、世界中を飛び回り活躍する若い人たちのプレゼンスには目を見張るものがあります。大事なのは**本当の自分の能力を相手に示す術《すべ》**を心得ていることです。腰が低いことが、本来の自分の能力より下に見せる結果になるのであれば、それはプレゼンスを下げる間違った行為です。

信頼感を高める心の温度

あなたの「平熱」はどれくらいですか？　本当の体温ではありません。**心のエネルギーの温度**です。私は大体37度くらい。体温より少し高めです。体温よりも1度くらい高い気持ちでいると、他人には爽やかな人に映ります。いつも感じが良いと言われる人の心の平熱はこれくらいだと思っています。

ただし、暑苦しい人とは違います。暑苦しい人は勝手に熱を放出している人だから、まわりが〝苦しい〟と感じてしまいます。私が思うプラス1度の温度は、相手に温かいスープを届けるような感覚です。つまり**相手を思いやる力**です。

心の冷たい人は他人との距離を縮められません。他人との距離を縮められない人がビジネスで成功できるでしょうか？　その心の温かさの根底にあるのは**「敬意」**と**「思いやり」**です。それがあるから相手は温かさを感じて心を開いてくれます。これがオープンマインドの正体です。

ではどうすれば、他人に対して心地良い温かいスープを届けられるような、信頼感の高い人間になれるのでしょうか？　それは、**自分もオープンマインドでいること**です。

私は他人から心ないことを言われても決して怒りません。近頃はSNSで他人を攻撃する言葉を匿名で投げかけてくる人もいますが、そういうコメントに対しても「そうやって感じる方もいるんですね。貴重なフィードバックをありがとうございます」と返します。これは強がっているのではなく、本当にそう思うからです。

地球上には80億人以上の人間がいますから、それぞれの考えが違うのが当たり前で、全員が同じ考えを持っているはずはありません。それがデフォルトだと思えば、**違うという事実から大きな学びを得るチャンス**が訪れます。そのヒントをくれたのですからありがたい話です。私はつねに学び続けたいと思っています。そのパッションがプラス1度のエネルギーの熱源になっていると思います。

ただし、もちろん人間なので落ち込む日もあります。平熱が34度くらいに落ちているときはなるべく人と会わないようにしています。どうしても打ち合わせや会議に参加しなければならないときは、**「今日は朝から体調が悪くて」と正直に相手に伝えます。**これがいつもの私の温度だと思われないようにするためです。

逆に今日の温度は37度以上だと感じるときは、何事も上手くいく自信があります。だからつねに37度でいるように努力しています。ぜひ一度自分の心のエネルギー温度は何度なのか、心の温度計で測ってみてください。

プレゼンス力とパフォーマンスは比例する

この章の最後に質問です。これから海外で活躍しようという日本人が鍛えるべきスキルは何だと思いますか？　こう聞くとだいたいの人は「英語」だと答えます。しかし、英語力は日本にいるうちは武器になりますが、海外では役に立ちません。

なぜなら英語を話せることは当たり前のことだからです。もちろんネイティブであるに越したことはありませんが、それはほかの人と同じスタートラインに立ったというだけです。

同じ質問を外国人にすると、**日本人が鍛えるべきは「プレゼンス」である**と断言します。それだけ日本人はプレゼンスが弱いと思われているということです。

私の例をとってもそうですが、英語がネイティブではないにもかかわらず、プレゼンスのおかげで長年ニューヨークの金融業界の第一線で活躍できたことも、それを裏づける理由の一つになるでしょう。他人に自分を良く印象づけ、多くの人を巻き込む努力は誰よりもしてきたという自信があります。グローバルビジネスの第一線ではむしろそのような力こそ求められています。

そして、うれしいことにプレゼンスは万国平等です。この国の人には通じるけれどある国の人には通じないということはありません。この人は信頼できる、一緒にいるとモチベーションが上がるという人は、国境や人種、宗教の壁を超えて評価されます。ビジネスは**人と人との関係で成り立っている**からです。

多くの人を惹きつけるプレゼンスを持っている人は、当然多くのチャンスを手にすることができ、助けてくれる人も大勢現れます。だから結果も出ます。つまり、**プレゼンス力とパフォーマンスは比例する**ということです。

第6章

いつも心に
エレガントさを秘める

年齢を重ねても自慢できる「顔」でいるために

串を焼く煙がモクモクと立ち込める居酒屋のカウンターで、檜原と大川は肩を並べて座っていた。

「本当にこんな店で良かったんですか？」

「ええ、最高よ。こういう店、昔は女性一人では入りづらかったから、ずっと憧れていたのよ」

檜原が行きつけの店に大川を連れて来たのは、これまでのレッスンのお礼としてである。6週間前、コーチを引き受ける条件として大川に提示されたのはこうだ。

「一つだけ条件がある。もしあなたが、自分が変わったと確信できたら……」

「確信できたら？」

「あなたの行きつけのもつ焼き屋に連れて行って」

「え？」

「あなたのSNSの投稿を見ていて美味しそうだなって。一度行ってみたいと思っていたんだけど、一人で行く勇気がなかったから、連れて行ってよ」

「チイさんでも尻込みすることがあるんですね。っていうか私のアカウントフォローしてくれてたんですか？」

「そうよ。東京オフィスに着任したときに、メンバーのSNSはチェックしていたから」

「そうなんですね。さすがです……」

檜原はそのときの会話をはるか昔のことのように思い出していた。あれから6

週間。隣でもつの串焼きを頬張る大川に檜原は確かに変えられた。見た目だけでなく、人生そのものをである。檜原は見事に新規プロジェクトのリーダーに抜擢された。今や3人の部下を持つ身である。6週間前の自分からは想像できない姿だ。


「チイさん。本当にありがとうございました」

「どうしたのよ、あらたまって」

「チイさんのおかげで自分を変えることができました」

「私のおかげじゃなくて、あなたの努力のおかげよ。コーチである私は馬車。あなたが向かいたいと思っている方向に導いただけ」

「そんなこと言われると、私泣きそう……」

「とりあえず、私が教えることはもうないから、後は実践で自分を磨いていきなさい」

「はい！　と言いつつ、正直あまり自信ないですけどね。これからの人生長いじゃないですか。ずっとこの意識をキープできるか不安で。迷ったら相談してもいいですか？」

そう聞くと大川は足元のバッグから1冊のノートを取り出して檜原に見せた。

「このノート、何か思いついたときに書き込めるよう、いつも持ち歩いているんだけど……、毎年元旦に必ず書いている言葉をあなたに送るわ。読んでみて」

「『20歳の顔は自然の贈り物。50歳の顔はあなたの功績』。これは誰の言葉ですか？」

「フランスのファッションデザイナー、ココ・シャネルの言葉よ。20代の頃にこの言葉を知ってから、ことあるごとに思い出して自分を奮い立たせてきたの。頑張って50歳になったときに自慢できる顔になろうって」

「50歳になったときに自慢できる顔か……」

「あなたはまだ若い。恋愛をしたり、結婚や出産をしたりするかもしれない。ココ・シャネルのように仕事に邁進《まいしん》するかもしれない。どんな人生でも構わないけど、50歳のときに最高のプレゼンスが発揮できるような、そんな生き方を期待してるわ」

「はい。頑張ります！」

エレガントとは敬意を払うこと

大川は芋焼酎のお湯割を飲み干すと、店主にお代わりを頼んだ。その様子を檜原は感心しながら見つめていた。もつ焼き屋で芋焼酎のお湯割をこんなにも優雅に飲む女性はいない。大川のような女性になりたい。檜原はあらためて思った。

「最後にもう一つだけ、大切な言葉を贈るわね。それは『エレガントであれ』よ」

「『エレガントであれ』？」

「これを教えてくれたのは私の祖母なの。普段着で絶対に外に出ないような人だった。根っからのお嬢様育ちだから、コーヒーは人に淹れてもらうのが当たり前という考えの持ち主で、小さい頃によく頼まれてコーヒーを淹れてあげたわ。朝は寝室に持って行くんだけど、身支度ができていない姿は決して人に見せない人だから、ドアの前に置いておくのが習慣だった。一度病気で寝ている姿を見たことがあるんだけど、すごく綺麗だったわ。優雅なシルクのドレスのような寝巻きを着ていて、幼心にあんな格好で寝てるんだ……って驚いたのを覚えてる。私の兄と弟は絶対に部屋に入れてもらえなかったから、私が女の子だったから許されたのね」

「チイさんのお祖母様だから、さぞかし凛《りん》とした方だったのでしょうね」

「彼女がよく言っていたのが『品を持ちなさい』『品がないとダメ』ということ。でも小さいから『品』ってピンとこないじゃない。でも今なら彼女が言いたかったことがわかるの。品というのはすべてのものに敬意を払って生きること。つまり『エレガントであれ』というメッセージだって」

「すべてのものに敬意を払って生きること。それがエレガント……」

見栄よりも他人の「快」を求める

檜原も「エレガント」という言葉の意味はなんとなくわかる。しかし、エレガントであるための方法はよくわからない。ただ、そのヒントをたった今、大川に教えてもらった気がした。

たとえば大川の祖母は、コーヒーを他人に淹れてもらうのが当たり前だと言いつつも、コーヒーを淹れてくれた人やコーヒーそのものに対する敬意は持っていたはずだ。それをあらゆるものやことに持ち続ければ、自ずとエレガントな振る舞いになるのではないか？　そう大川に話すと、小さな笑みを浮かべてうなずいてくれた。

「そうね。敬意があるからこそ、祖母は病床でも身だしなみを崩さなかった。それは自分の見栄ではなく相手が不快に思わないように、という敬意の表れだったと思う。それを意図せず自然体で行なうこと、それがプレゼンスの極意である気がするの。まだまだ私も祖母のようにはいかないけれど……」

６週間前、なりたい自分になるのがプレゼンスだと大川は言った。なりたい自分は人それぞれであるだろうが、そのベースは「エレガント」であることだったのだ。

心の底に「ありがとう」の気持ち、つまり敬意を抱いていない人は、どんなに実績があっても肩書きがあっても世の中に認められることはないのだろう。

そんなことを檜原はほろ酔い気分で考えていた。自分もエレガントになりたい。そのためには、ますます日常的にプレゼンスを磨く必要があると感じた。

相手の立場になって初めて敬意は生まれる

大川の祖母のエピソードも実話です。私の祖母は人に対してだけではなく、物に対しても敬意を払っていました。たとえば「ただいま」と私が帰ってくると、必ず靴を揃えているかを確認させられました。揃えていないと言うと「玄関に敬意を払えていない。人が急に訪ねてくるかもしれないのに、その人たちに汚い玄関を見せるのは申し訳ない。だから玄関はいつも綺麗じゃないといけない」と注意されました。

また、祖母はよくぬか漬けを作っていましたが、ぬか漬けにも敬意を払わないと怒られました。食べる人のことを考えなさい、あるいは野菜に申し訳ない、そういう気持ちで毎日を生きなさいと言うのです。それらの言葉は宝石だったと大人になってから気づきました。そして、それが「プレゼンス」という考え方の基本になりました。

プレゼンスを身につける最もかんたんな方法は、**すべてのものやことに敬意を持つこと**です。敬意を持つということは、**相手の立場に立って考えること**です。

たとえば服選びにしても、何も考えなければ自分の好きな柄や色を選ぶと思います。プライベートではもちろんそれで構いませんが、仕事の打ち合わせやプレゼンの場で水玉の派手なジャケットを着て行ったら、相手はどう思うでしょうか？

相手にとって目障りにならない服が最適です。それでいて上品で品質が良いものは相手を気持ち良くさせます。そういう服がエレガントであり、着ている人間の存在感も高めます。プレゼンスとは、自分のためではなく相手のことを思うことによって醸し出されるもの、つまり**利他の精神から生まれる**ということです。

本気さが人を動かし自分を変える

居酒屋での宴の翌日、会社に大川の姿はなかった。上司の説明では今月いっぱいで会社を辞めてコンサルタントとして独立するのだという。じつは日本に戻ってくる前からその話は決まっていて、わざわざ東京オフィスに短期着任したのは仕事の引き継ぎのためだった。

檜原は会社を辞めることなど知らされていなかった。あんまりだと思う以前に突然のことすぎて実感がわいていない。狐につままれるというのはこういう気持ちのことを言うのだろう。

代わりにわき起こったのが大川への感謝の気持ちだ。そんな大切な時間の多くを自分のために使ってくれた。なぜ私のコーチを、もつ焼きと引き換えに（しかも代金は大川持ち）引き受けてくれたのだろうか？　一番大事な質問を聞きそびれていた。もう会うことはないのだろうか。そう思った瞬間、今度は猛烈な寂しさが檜原の胸中に込み上げてきた。

思わず泣きそうな気分を一生懸命押し殺し、大川に教わった好感度を下げないポーカーフェイスをつくると、ノートパソコンを立ち上げた。何はともあれ仕事をこなさなくてはいけない。大事なプロジェクトが目の前に迫っている。大川のことを考えるのはその後だ。彼女もきっとそうしろと言うに違いない。

ふと、画面下にあるダイレクトメッセージの通知に気づいた。それは大川からだった。檜原は静かに深呼吸をしてから、そのダイレクトメッセージを開いた。

檜原さんへ

会社に来て、私の姿がないことに驚いたでしょう。何も言わずにごめんなさい。湿っぽい空気が苦手だから。昨日はただあなたと楽しく過ごしたかった。日本に戻ってきて、あんなに食べて飲んで、おしゃべりしたことはなかったから。本当に楽しい時間をありがとう。

こうしてメッセージを書いているのは、一つだけあなたに言いそびれたことがあるから。それは、なぜ私があなたをコーチングしたかということ。もしかしたら、あなたも知りたがっているのではないかしら？

答えはシンプル。あなたはかつての私だから。ニューヨーク本社で働き始めたばかりの頃、私もしょっちゅうトイレで泣いていたわ。まだまだ未熟で、ただでさえ若く見られるアジア人。英語だって堪能ではなかったし。そんな人間の存在感はほとんどゼロに近かった。それでもどうすれば自分を認めてもらえるか。まわりの優秀な人たちを一生懸命観察して、会得したのがプレゼンスだったの。

とにかく自分の存在感を高めて、他人に対して影響力を発揮する努力をした。長い時間をかけて方法をまとめて、そして日々実践してきた。そのおかげで少しはまわりから認められる存在になって、長い年月をトップレベルの現場で働くことができた。その恩返しを誰かにしたいと思っていたときに、〝もったいない人材〟のあなたと出会ったの。

かつての私にプレゼントをしよう。あのとき教えてくれる先生がどれほどほしかったか。コーチがいたらもっと早く一人前になれるのにって。何度もそう思いながら続けてきた自分の努力にも報いたかった。あなたは期待以上に私の教えを吸収して自分のものにしてくれた。これなら私の努力も報われる。お礼を言うのは私のほう。本当にありがとう。

最後にもう一つだけ。これから多くの困難があなたを待ち受けると思う。立場が上がれば上がるほど、求められるプレゼンスも高くなっていくから。でもそのたびに学んで成長していけばいい。大切なのはどんな場面でも、どんな人に対しても、本気であること。本気かどうかはプレゼンスに現れるから。説教じみた言い方だけれど、これだけはしっかりと心に刻んでおいてほしい。

いつまでもプレゼンスの魔法がとけませんように。

あなたの馬車　大川より

読み終えたとき、檜原の表情は何一つ変わっていなかった。しかし、心の中は涙で溢れていた。大川に出会った日と、今日この日のことを、檜原は一生忘れないと誓った。

思考にも影響を与えるプレゼンス

なぜ人の目に映ることを考えないといけないのか？　それは、コミュニケーションの基本だからです。**印象こそ一番強い情報源。**それを意識してコミュニケーションをとるための心構えやテクニックを、この本ではお伝えしてきました。

しかし、**一番大事なのは心**です。本気じゃなかったら本気度は絶対相手に伝わりません。心の底から相手を尊敬していなければ絶対に敬意は伝わりません。本当に自信がないのに自信があるようには振る舞えません。その状態をつねにキープするためには、相当な精神力が必要となります。そう言うと、心の鍛錬が必要なのだと早合点する人もたくさんいますが、そうではありません。

じつは、そうした心、すなわち**思考に影響を与えるのもプレゼンスの秘めた力**です。つまり、他人に与える印象が反射板のように自分にはね返ってきて、その印象通りに内面から変化していく手伝いをしてくれるというわけです。笑顔でいると、その表情につられて心の中も明るくなっていくような、そんな気分に似ています。

たとえば、若くて未熟な人間に見られたくないときは、少し背伸びした格好をしたり、背筋を伸ばして悠々と歩いたりすると良いのもそのためです。見た目や姿勢でまわりに好印象を与えるのと同時に、**自分の思考にもポジティブな影響を与えます**。

これは修行ではないので誰にでもできますが、身につけるには習慣づけが必要だということは第5章でもお伝えした通りです。最低でも6週間はかかります。6週間を短いと感じる人もいるかもしれませんが、42日間起きている時間、つねに気をつけていると仮定すると約７００時間もあります。

最高の宣材写真で思考を変える

習慣になる前に、モチベーションを維持するための方法としておすすめしているのがプロフィール写真を撮ることです。私が主宰しているセミナーでも、プロのスタイリストとプロのメイクアップアーティストによって磨き上げられた姿を、プロのカメラマンに撮ってもらいます。

その姿はまさになりたい自分です。それを実際に見ることでモチベーションを高めます。具体的な目的があってなおかつそれを視認できたときに、**人間のモチベーションは最大限まで高まります**。

ちなみに、プロフィール写真は撮り慣れていないとどうして良いかわからず、顔が引きつってしまったり、笑い方がぎこちなくなってしまったりします。そんなときは**自分が成功したときのことを思い出す**のがおすすめです。テニスの大会で優勝したとか、営業成績でトップを取ったとか何でも構いません。そのときのことを思い出してもらうと、瞬間的に自信に満ち溢れた表情になります。それを瞬間的に切り撮るというわけです。

最高のプロフィール写真を見て、自分がそこに辿り着ける可能性があると考えることは、すなわち思考です。**プレゼンスが思考に影響を与えています。**毎朝鏡で自分がイケているかどうか確認する作業もそうです。

なぜここまで思考にこだわるのか？　それは、自分の思考が落ち着かないと仕事自体も落ち着かないものになってしまうからです。**思考はすべての言動をコントロールしてしまう**ということをしっかりと認識しておいてください。その**思考すら意識して変えることができる**のがプレゼンスです。

プレゼンスの魔法

大川との出会いから10年。檜原の姿はウォール街にあった。あれからプレゼンスを磨き続けた檜原はニューヨーク本社に転籍を果たし、30代でありながら管理職のマネージャーとして活躍している。

そんな彼女には日本人男性の部下がいる。出会いは1年前。就職活動の一環として、東京からわざわざニューヨークの檜原を訪ねてきた。

檜原は出会ってたった20秒で彼の素質に気づいた。見た目は決して華やかではないが誠実そうな眼差し。成長したいという志。檜原は会社を案内しながらかつての自分を思い出していた。

かんたんな会社案内が終わり、彼はお礼の挨拶を切り出した。

「今日はお忙しいところありがとうございました」

「どうでしたか？」

「素晴らしかったです。今日ほど日本人であることを誇りに思ったことはありません」

「どうして？」

「檜原さんと会えたから」

「……他の会社も見て行かれるんですよね」

「はい」

「では、言わせていただきます。あなたみたいな人が入ってくれたら、うちの会社もすごく良くなると思うし、あなたもぜひうちの会社に来るべきよ。あなたにはプレゼンスの素質がある」

「プレゼンス？」

「入ったら教えるわ」

１年後。彼は檜原からカフェでプレゼンスのレッスンを受けていた。パスタを頬張りながら、彼は檜原にこう聞いた。

「檜原さんって、最初からそんな感じだったんですか？」

「そんな感じというと？」

「率直に言って、カッコイイです」

「ありがとう。そうね、以前はどちらかというとイケてない感じだったかな。格好もブランドの大きなロゴが入ったブラウスとか着ていたし、ピンクのキラキラした小物とかキャラクターグッズとか会社に持ち込んでいたし」

「本当ですか？　信じられない。それがどうして……」

「こんなふうになったかって？　それはある魔法使いに、魔法をかけられたから」

「魔法？」

「プレゼンスの魔法よ。シンデレラは12時になると自然と魔法がとけるけど、この魔法は自分が努力している限りとけない永久保証の魔法なの」

「そんな魔法、僕もかけてほしいです」


檜原がオフィスに戻ってノートパソコンを開くと1通のメールが届いていた。

それは、大川からだった。大川は日本を拠点にプレゼンス・コンサルタントとして活躍し、多くの〝もったいない人材〟をその魔法で輝かせていた。

メールには懐かしい文体で、短くこう書かれていた。


檜原さん！　こんにちは。元気？

私の古巣で活躍していると風の噂で聞きました。

ウォール街を颯爽と歩く、あなたの姿が眼に浮かぶわ。

私も日本でかつてのあなたのような人たちに、せっせと魔法をかけ続けています。トイレで泣く人を減らすのが私の使命かもね。

そうそう、今度本を出すことになりました。

あなたにかけた魔法のお話がたくさん載っているわ。

タイトルは『「存在感《プレゼンス》」はつくれる』よ。

エピローグ

本を書くプロセスを通して、あらためて思考を言語化することの難しさを痛感しています。私はプロの作家ではないし、日本語と英語を同時に勉強してきているので、どちらも中途半端というコンプレックスがあるのでなおさらです。

その一方で、思考を言語化することの意義も同時に感じる時間でした。こんなことを自分は考えていたんだ、こんな言葉を使うとよりわかりやすくなるんだと、まさに目から鱗でした。この経験は、これからの私の人生において多いに役立つことでしょう。

この本を書いた目的は〝もったいない人材〟をゼロにすることです。もったいないを漢字で書くと「勿体無い」となりますね。重々しい、尊大な様を意味する言葉で、勿体ぶるという使い方もされます。

しかし、本来は仏教用語の「物体（もったい）」からきています。これは「物のあるべき姿、物の本質的なもの」を意味します。この「物のあるべき姿、物の本質的なもの」が「無い」と否定するのが「もったいない」という言葉です。つまり、本来あるべき姿にないことを嘆くという意味です。

この「もったいない」という言葉が、まさに今の日本人にあてはまります。日本のGDPは下がり始め、世界の先進国から置いていかれるおそれすらあります。私がプレゼンスを高めるセミナーを始めた2014年頃にはすでに世の中は激変し、グローバル化が進んでいました。今はもうグローバル化が完了していると言えます。つまり、日本が国内だけを意識してできる仕事はなくなる傾向にあると言っても過言ではありません。


では、どうすればグローバルの場で活躍できるのでしょうか？　大事なのはプレゼンスです。本来のあるべき姿を取り戻し、その通りに実力を発揮してください。これから日本が経済成長していくには不可欠とすら思います。それは、プレゼンスは世界共通のコミュニケーションツールだからです。

プレゼンスを高めることを妨げる一番の原因は本人の思い込みです。たとえば「自分はまだ若い」という古めかしい思考について、はっきり言います。年功序列はもはや過去のものです。20代半ばで何億円ものディールをまとめながら世界中を飛び回っている人は大勢います。若いから無理というのは言い訳です。

私は長年人事の第一線で働いてきましたが、断言できるのは誰にでも可能性があるということです。もちろん個人差はありますが、誰にでも必ず得意なことがあります。それをまわりに認識してもらえるかどうかで人生は大きく変わります。

逆に言えば、実力があっても気づいてもらえなければ宝の持ち腐れということです。まさしく〝もったいない人材〟です。

私はよく、会社の人事担当者から「どうすれば良い人材を集められますか？」と聞かれるのですが、「集めることはできない」と答えます。その代わり、「すでにいる人材の中から見つけることはできる」と言います。ただし、その審美眼を人事担当者が持ち合わせているかは確信できません。であるならば、自分の特性を知ってもらって〝選ばれる人材〟になることが肝心です。すべての昇格は選ばれ続けることによってしか実現しません。

最後に、どうすれば選ばれ続けることができるのか？　繰り返しになりますが、やはりそれもプレゼンスを磨くことです。その方法はピアノでショパンの名曲を完璧に弾くほど難解なものではありません。誰にでもできることです。実際、私が教えてきた人たちの中で、本気でやろうと思ってできなかった人は1人もいません。1人もです。

あなたに必要なのは、今すぐ動くことです。この本があなたの背中を後押ししてくれることを願ってやみません。そして読んだ後に「元気になった」と思ってもらえたら幸いです。私がコンサルティングをするときは、必ず元気になってもらうことを心がけています。その通りほとんどの人が「すごく元気をもらいました」と言って帰ってくれます。参加者が自分の可能性に気づき、元気になること、それが自分の役目だと思っています。

ぜひ、皆さんもプレゼンスの魔法にかかってください。きっと今までとは鏡に映る自分の姿が変わって見えるはずです。それは未来のあなたの姿で、本来のあなたの姿です。檜原のようにそれを手に入れるための一歩を、今すぐ踏み出しましょう。

2024年5月吉日

大塚ちづる

謝辞　Acknowledgement

この本を手に取ってくださり、最後まで読んでくださった皆さまありがとうございます。編集の美馬さん、ライターの五十嵐さん、時差のあるアメリカと夜遅いスケジュールにもかかわらず、またカタカナ言葉の多いインタビューから書き出すことの大変さは素人の私でも容易に理解できました。想いを正確な言葉にするプロの素晴らしさに感銘しました。皆さまのお力を借りて素晴らしい本にしてくださり感謝の気持ちでいっぱいです。

そして、この本が生まれるきっかけになった皆さまへ感謝の気持ちで溢れています。

◎ George Wellde
Because you opened the very first door for me, I was able to accomplish so much. Without you, I would have a completely different career. Thank you for giving me the opportunities and never-ending support. I am forever grateful.

◎ My teammates GS NY and Asia
It wouldn't have been the same experience if you guys weren't there for me. Thank you for all of your support and believing in me.

◎ Stefanie Morris and Emily Hernandez
Thank you for giving me all the confidence I needed when things really looked bad. You two have been my constant cheerleaders and best friends for life.

◎ Alice Chen
Many late-night chats on our career paths. Thank you for pushing me and sharing your courage.

◎世界のトップエリート・GSのパートナーの皆さま
たくさんの機会を与えてくださり、また、全力でサポートしてくださいましてありがとうございました。皆さんとの時間がなければこの本は生まれませんでした。どこかで聞いたようなストーリーが本書にもあるはずです。心より感謝申し上げます。

◎ Kathy Matsui
多くの人々のロールモデルとして、あなたのようなリーダーと同じ時代を共有できたことに感謝しています。

◎ Ben Ferguson
You empowered me. You were my toughest critic and biggest supporter. I grew and achieved tremendous confidence because of you. For that and more, I am forever grateful.

◎ Ami Connolly
It's all started when you articulated that, "presence is the key for success!" I am forever grateful for our collaboration.

◎ Naomi Hirano
My idea to create a brand of presence building was born during our first session together. I am forever grateful that we met.

◎ Doya Yuto
あなたの独創的な視点から得られるアイデアは、数を数えることさえできません。いつも惜しみないサポートに感謝！

◎ Rumi Sato
プレゼンスコーチングの動画企画を作ってくださりありがとうございました。皆さんの素晴らしいメディア力によりこのような本が生まれるきっかけとなりました。ありがとうございます。

◎ Reon Hiruma
プレゼンスの大切さを体験され、初期プレゼンスビルダーのアイデアからサロン運営のサポートまで引き受けてくださり心から感謝です。

◎ Yuichiro Hikosaka (aka Hiko)
プレゼンスビルダーのタグライン「プレゼンスの魔法」の生みの親であり、いつの日も時間を惜しまず、多面からのサポートありがとう。貴方の知的な才能とセンスにどれだけ助けられているでしょうか。I am forever grateful.

◎ Naomi Tsuru
人材育成のプロとして、時にはスピーカーとして、また人事の第一任者としてプレゼンスの大切さを共に語り、また過大なるサポートをありがとうございます。

◎ Chiharu Yamagami
本コンセプトを信じ、応援してくれてありがとう。数百人の組織を動かす貴女のサポートは、どんなときでも心強いです。

◎ Kyoko & Eric Gasqueres
過大なるラブとサポートにお礼の言葉すら見つかりません。出会えたことに感謝。

◎ Junko Kuzumi
プレゼンスの持続を可能にする最も大切なこと「心身の健康」に過大なるサポートをありがとう。

◎ Rina Otsuka
プレゼンスビルダーは貴女の知的なアイデアとセンスと決断力で始まり、そして進化し続けています。ありがとう。

◎ Kiyomi Otsuka
生まれた時からプレゼンスビルディングの最も大切な相手への「敬意」を教えてくれた先生であり、母である貴女を一生越えることはないでしょう。

◎ Michael Terra
You curated my professional presence. With your support I experienced a lot of success. You made me a better version of myself, and I am eternally grateful for that. The words “thank you” are inadequate. All my love.

　プレゼンスビルダーにスピーカー出演をしてくださった皆様、また学んでくださっている方々へ感謝の気持ちでいっぱいです。皆さんの影響力が社会を動かすことでしょう。

　最後に、私のキャリアにかかわってくださったすべての方々、多大なる心のサポート THE CHOICE メンバーの皆さんに感謝をして止みません。

【著者プロフィール】

大塚ちづる Chizuru Otsuka

人事コンサルタント・アドバイザー／エグゼクティブコーチ

日系総合商社勤務を経て、米金融大手ゴールドマン・サックス証券株式会社ニューヨーク本社とアジアパシフィック支社にて25年以上の人事経験を有する。その間、様々なグローバルリーダー達の信頼できるアドバイザーとして、5,000人以上の人材育成及び管理に携わる。2014年に独立し、グローバル企業での経験を活かしたイノベーティブな働き方を追求、人材育成に特化したコンサルティングを提供。さらなる時代に沿ったソリューション提供を目指し2017年にASG Worksを設立。多種多様な業界のシニアマネージャーのエグゼクティブコーチ・アドバイザーを務めるだけでなく、多数のハイポテンシャルなキャリア女性の育成や、スタートアップ向けの人事コンサルティングも手掛ける。2018年に多業界の女性エグゼクティブが所属する会員制コミュニティー：THE CHOICEを創設。グローバル人材育成に特化した独自開発プログラムである『Presence Builder（プレゼンスビルダー）』や『IMAGE & IMPACT（イメージ＆インパクト）』は企業向け、個人向けを問わず好評を博す。専門は、人材・組織開発、リーダーシップタレントマネージメント、ダイバーシティー戦略等。New York Universityにて、Organizational Development（組織開発）認定取得。

ASG Works：https://www.asgworks.com/
THE CHOICE：https://www.thechoicenet.com/
Presence Builder Instagram：presence_builder_salon

「存在感」はつくれる

2024年5月2日　　初版発行

著　者　大塚ちづる
発行者　太田　宏
発行所　フォレスト出版株式会社
〒162-0824 東京都新宿区揚場町2-18 白宝ビル7F
電話　03-5229-5750（営業）
03-5229-5757（編集）
URL　http://www.forestpub.co.jp

印刷・製本　日経印刷株式会社

ISBN978-4-86680-264-0　Printed in Japan